SOMMAIRE

FÉLIX BENOIT - HENRY CLOS JOUVE

FOREZ
VELAY
insolites et gourmands

photos de Jean-Pierre Garel

SOLAR

PREMIÈRE PARTIE

NOTES D'HISTOIRE ET PHYSIONOMIE GÉNÉRALE

Forez et Velay sont jumelés ici pour les plaisirs du touriste, d'autant que les voies de communication les reliant harmonieusement ne posent désormais plus de problèmes... L'histoire, toutefois, les rattachait sous l'Ancien Régime à deux provinces différentes et paraît encore les opposer sur le papier.

Le Forez faisait en effet partie de la Généralité de Lyon, tandis que le Velay était et demeure languedocien, sur greffon auvergnat.

LE FOREZ

Le Forez (sur lequel a été calqué approximativement le département de la Loire) se distingue par sa masse granitique, dernier maillon de la chaîne des Cévennes s'insérant dans le Massif central.

Son nom procède du « pagus carolingien » (le *Pagus Forensis*), sur le support étymologique de la ville de Feurs. Une étymologie sans bavure, indiscutablement.

La tribu gauloise des Ségusiaves se distingua dans cette région gravitant autour du *forum segusiavorum* (dont on a tiré *Feurs* par contraction sémantique). Si bien que tout s'explique clairement (abstraction faite de l'influence des Aulerques dans le Roannais).

Protégés par une enceinte de montagnes, sans relations étroites avec les rudes Arvernes, leurs voisins, et vivant en paix avec les Aulerques et les Vellaves, les Ségusiaves se multiplièrent au cœur de ce vieux pays constitué par une étonnante cuvette sertie de bords escarpés (un ancien lac miocène) : au nord-ouest, les pittoresques monts de la Madeleine (point culminant à 1 155 m) et les Bois Noirs (Puy de Montoncel : 1 282 m) ; à l'ouest, les monts du Forez (Pierre-sur-Haute : 1 634 m) ; au sud-ouest, le Livradois (où l'on accède par le col de la Croix de l'Homme-Mort : 1 163 m) ; au nord-est, les monts du Beaujolais (Saint-Rigaud : 1 012 m) et la montagne de Tarare, s'ouvrant au col du Pin-Bouchain (760 m) à la limite du département du Rhône. Alors que, plus à l'est, le relief s'apaise et s'abaisse graduellement, au point de se fondre avec celui des monts du Lyonnais, en marge du Massif du Pilat, au sud-est.

Quant à l'origine des Ségusiaves des âges obscurs, on n'en sait que peu de chose. A ce propos, d'aucuns ont décelé dans ce vocable des racines sanscrites impliquant à la fois un enveloppement et une forteresse... Ce qui n'est pas impossible, puisqu'une semblable étymologie, démarquée par les Celtes, se retrouve notamment en Espagne, avec la ville de *Ségovie;* dans les Alpes, avec Sisteron (*Segustero*) ; et *Suse,* en Piémont.

Toujours est-il que les Ségusiaves, mauvais grimpeurs, étendirent leur influence, au Ier siècle avant notre ère, au confluent du Rhône et de la Saône, à l'emplacement du Lyon contemporain ! Là où ils ne firent nullement obstacle à l'implantation des Romains, durement malmenés par les Allobroges, en l'an 43 avant J.-C. (date de la fondation de Lugdunum par Munatius Plancus).

◄ **L'Ance, près de Chalencon (Haute-Loire).**

Les passages difficiles

Sur le cours de la Loire, les Ségusiaves fortifièrent des points clés que les gens du Moyen Age placèrent de surcroît sous la protection de saints guerriers : saint Maurice, au pied de l'oppidum de Jœuvre (à l'entrée de la plaine de Roanne, à l'issue des gorges roannaises de la Loire) et saint Georges (à l'autre extrémité des gorges, côté Feurs). La route dite de Strabon se frayait parallèlement un chemin laborieux, en diagonale, de Saint-Symphorien-sur-Coise à Iguerande.

Au sud du département, lors du passage du Velay en Forez, la Loire, jadis étranglée, se transforme un moment en lac grâce au barrage de Grangent, et saint Paul, le protecteur, se demande sans doute s'il doit toujours veiller au grain près du château de Cornillon !

De cette idée de « passage », le château d'Essalois (tiré du mot « uxellum » : passage) rappelle également les aléas de la défense en surface près de ce fameux barrage de Grangent.

Détail curieux : les gardiens du proche oppidum d'Essalois ne durent jamais souffrir de la soif, car des fouilles ont mis à jour en ce lieu une multitude de vases vinaires !

La passe montagneuse de Saint-Priest-la-Prugne, entre les monts de la Madeleine et les Bois Noirs, moins défendue, ne joua jamais un rôle capital, contrairement à la voie transversale par le col de Noirétable, aboutissant à Gergovie, via les redoutables obstacles de la montagne de Thiers (protection naturelle contre les agressions).

Jules César, en ce qui le concerne, lors de sa conquête de la Gaule, fit en outre une singulière publicité à la passe de Rive-de-Gier, d'où il gagna Vienne. Or il s'agit là d'une autre histoire...

Des Romains à la Généralité de Lyon

Les Ségusiaves n'eurent pas à se plaindre de l'occupation romaine, qui leur valut même une autonomie plus grande qu'aux derniers temps de l'indépendance où ils étaient placés sous la tutelle des Eduens. Leur territoire s'accrut de celui des Aulerques.

Ils furent autorisés à frapper monnaie, et disposèrent de poids et mesures particuliers, comme l'atteste ce fameux « poids des Ségusiaves » découvert à Feurs au XVIIe siècle (un poids de dix livres marqué du sceau de la déesse Segeta).

Leur « collaboration » fut donc payante, n'en déplaise à la mémoire de l'Arverne Vercingétorix auquel ils n'apportèrent aucune aide !

Le réseau routier fut amélioré, et la ville de Feurs (*Forum Segusiavorum :* le marché des Ségusiaves) obtint le rang de capitale gallo-romaine, jusqu'au jour où *Rodumna* (Roanne) la supplanta au IIIe siècle.

Au Ve siècle, les Burgondes, puis les Francs, prirent la relève, et en 561 le monstrueux royaume de Bourgogne phagocyta le Forez.

Un comté de Gévaudan et du Forez finit néanmoins par sortir du chaos au Xe siècle.

Au début du XIe siècle, le comte Géraud, maître du Forez et se disant « comte de Lyon », tenta de faire de son fils un archevêque de Lyon, ce qui lui aurait assuré une puissance régionale considérable. Mais il échoua, et son successeur, Artaud, subit à son tour un cruel échec dans la même entreprise. Ses descendants se replièrent dans le château de Montbrison, se contentant du simple titre comtal du Forez.

Cela dit, nous glisserons sur le Saint Empire Romain Germanique, l'Église de Lyon et les pièges de l'histoire dont nous ne sortirions pas vivants en quelques pages !

Il importe néanmoins de savoir qu'au XIIe siècle un changement de dynastie fit passer le Forez dans une famille issue des dauphins du Viennois, jusqu'au jour de 1372 où Anne, comtesse du Forez, épousa Louis II de Bourbon. Ce qui explique pourquoi le Forez devint bourbonnais de 1372 à 1531, année où ce fief fut réuni purement et simplement à la couronne de France et devint apanage du duc d'Anjou.

Par l'édit de Cognac de 1542, on fit enfin surgir d'un chapeau d'alchimiste technocrate la Généralité de Lyon (une entité politique considérée alors comme le « Lyonnais »). Une mini-province composée de la sénéchaussée de Lyon, du Forez, du Jarez et du Beaujolais, et ayant à sa tête un gouverneur (le plus souvent une « potiche » siégeant de préférence à Paris). L'*intendance* régnait en réalité en souveraine !

Dans ces conditions peut-on parler d'unité administrative dans ce corps dominé par la « grosse tête » de Lyon? D'où l'origine de l'hostilité des Stéphanois pour les Lyonnais, au moment où Saint-Étienne commença à devenir adulte et dynamique en matière industrielle (dès le XVIIe siècle), dans le même temps où Roanne éclipsait Montbrison.

Le défunt département Rhône-et-Loire

Les Constituants définirent les limites du département « Rhône-et-Loire» en 1790 en s'inspirant de la forme de la Généralité de Lyon.

Mais en 1793 les Lyonnais se rebellèrent contre les excès de la Convention ! Ils connurent en représailles un siège terrible, et ne s'en sortirent qu'amoindris et vaincus...

La ville de Lyon fut terriblement punie et perdit même un moment son nom ! D'autre part, le 21 août 1793, Dubois-Crancé, Delaporte, Javogue et Gauthier, représentants du peuple envoyés en mission près de l'armée des Alpes mobilisée sous les ordres de Kellermann pour mater Lyon, prirent un arrêté en vue de créer un département de la Loire.

Ce « coup de sabre » démembreur sépara la Loire du Rhône désormais impur ! On considérait en effet qu'il était de salubrité publique de « libérer » les districts de Saint-Étienne, Montbrison, Roanne et Feurs de « l'autorité administrative oppressive des citoyens de Lyon ».

Cette décision radicale fut confirmée par un décret de la Convention en date du 29 brumaire de l'An II de la République.

D'abord installé à Feurs, puis à Montbrison, le chef-lieu de ce nouveau département de la Loire fut transféré en 1856 à Saint-Étienne (que la Révolution avait baptisée « Armeville », les saints étant proscrits de noms de lieux). Le résultat final de ces mutations ne tarda pas à se faire sentir : le règne de la centralisation parisienne allait appesantir son joug sur « la » province !

Le département de la Loire (42)
(région "Rhône-Alpes")

Limité, au nord, par le département de Saône-et-Loire ; à l'est, par les départements du Rhône et de l'Isère ; au sud, par l'Ardèche et la Haute-Loire ; à l'ouest, par le Puy-de-Dôme ; et au nord-ouest par l'Allier, le *département de la Loire,* d'une superficie de 4 775 km^2, est fort étroitement encadré (voire même grignoté sur ses franges par les autres).

La rive droite du Rhône le baigne au sud-est sur 7 km, ce qui est négligeable, mais nous permet néanmoins d'apprécier un fameux présent : les vins blancs du Château-Grillet, sur le territoire de la commune de Saint-Michel.

La Loire, en revanche, qui draine la plupart des rivières et ruisseaux du département, joue le rôle principal, et son bassin couvre environ 420 000 hectares.

La dépression houillère de Saint-Étienne s'étend sur une trentaine de kilomètres, jusqu'à Rive-de-Gier, entre le massif du Pilat et les monts du Lyonnais. C'est le « pays noir », arrosé par le Furan et l'Ondaine, affluents de la Loire, et le Gier, affluent du Rhône.

L'importance des mines a engendré le développement de nombreuses industries métallurgiques et textiles gravitant autour de Saint-Étienne, et se poursuivant en chaîne ininterrompue. Or, les mines de charbon, c'est du passé ! Il n'en reste qu'une à La Ricamarie, et la sidérurgie est en crise. On s'inquiète.

Plus au nord, et au-delà du massif de Tarare et de la plaine du Forez, très fertile, la plaine de Roanne a vu se développer elle aussi une notable activité industrielle, moins vulnérable qu'à Saint-Étienne.

Le département de la Loire est par conséquent d'une diversité séduisante, à la fois agricole et industrielle. Le jeu des affaires s'y associe aux satisfactions touristiques réservées aux fureteurs éclairés et aux sportifs amoureux de la nature. La morosité économique ne saurait donc avoir le dernier mot.

LE VELAY

A l'époque gauloise, les Vellaves, clients des Arvernes, demeurèrent fidèles à Vercingétorix et participèrent à ses combats contre César. Malgré tout, ils se libérèrent sous Auguste de la tutelle des Arvernes, et ne se tirèrent pas trop mal de la défaite.

Une longue période d'obscurité succéda à cette page d'histoire, au cœur d'un pays pauvre où l'influence de Charlemagne ne se manifesta que dans les années postérieures à sa mort, lors du partage de son empire en 843...

Depuis cette date, en effet, les rois de France pouvaient se considérer chez eux en Velay, tandis qu'en Forez l'autorité de l'empereur germanique devait subsister jusqu'en 1167 !

Mais la confusion n'en caractérisa pas moins le Velay du haut Moyen Age, tout d'abord fief des comtes d'Auvergne au IXe siècle, puis terre d'annexion symbolique du duché d'Aquitaine...

Le Velay étant guigné par les comtes de Toulouse, les féodaux, inquiets, se tournèrent vers

Vieille Brioude (Haute-Loire).

l'Église. De sorte que l'évêque du Puy, ayant reçu l'hommage des seigneurs vellaves, s'intitula « comte » du Velay au début du XIVe siècle (les Polignac n'étant par conséquent que « vicomtes »).

A noter aussi que ce rude terroir montagnard n'était pas habité à l'origine que par les Vellaves, mais encore par des Gabales (enfants du Gévaudan) et des Helviens (du Vivarais). Ce n'est donc que parce que les Vellaves (ou Vellaviens) y affirmèrent leur prépondérance, que leur nom fut donné au Velay.

Du XIVe au XVIIIe siècle en Velay

La capitale du Velay fut transférée de *Ruessio* (Saint-Paulien) à *Anicium* (Le Puy), siège épiscopal dès la fin du VIe siècle.

Au XIVe siècle, le puissant évêque du Puy, comte du Velay, fut toutefois contraint à associer les gens du roi de France Philippe le Bel au gouvernement de sa ville ! Mais la guerre de Cent Ans, qui éprouva considérablement le Velay, permit en revanche à la population vellave de se forger une âme collective dans sa lutte contre les bandes armées, en marge du pouvoir central provisoirement affaibli.

Le connétable Bertrand Du Guesclin, qui libéra le Velay des Grandes Compagnies, et dont les entrailles ont été inhumées à l'église Saint-Laurent, au Puy (Haute-Loire).

On attendait peu du roi de France. Et pourtant, c'est le roi Charles V qui dépêcha son connétable, Bertrand Du Guesclin, aux fins de bouter hors du royaume les grandes compagnies. Le glorieux soldat perdit la vie en 1380 dans cette entreprise, lors du siège de Châteauneuf-Randon, et ses entrailles bénites furent déposées dans l'église Saint-Laurent du Puy.

Les guerres de Religion affectèrent à nouveau le Velay, mais le protestantisme ne s'y implanta pas pour longtemps comme en Vivarais.

Après le rattachement du Forez à la France, en 1531, l'administration monarchique tendit progressivement à tout ramener à l'échelon parisien...

Aussi, du XVIIe siècle à la Révolution, la « province » ayant pris sa tournure rigide définitive, les affaires se traitèrent, comme on l'a vu précédemment pour le Forez, par le truchement de l'intendance royale : Lyon, pour le Forez, et Montpellier, pour le Velay.

Mais les hommes du Velay ne se plièrent que très difficilement à l'obédience montpelliéraine, et la ville du Puy constitua toujours pour eux le suprême recours.

Forez et Velay en opposition ?

En 1790, le département de la Haute-Loire fut construit sur le Velay, auquel on ajouta des tranches du Vivarais, du Gévaudan et de l'Auvergne (le Brivadois), ainsi qu'un zeste de Forez...

Les Auvergnats du Brivadois (arrondissement de Brioude) furent longs à digérer ce rattachement au Velay d'un morceau de pure Auvergne !

Le temps efface tout, Dieu merci, et la Haute-Loire ne compte plus aujourd'hui d'irrédentistes départementaux sérieux ! D'autant moins que si l'archivage linguistique de la France classe le Forez (à l'exception de l'extrême sud-ouest du département de la Loire) dans le domaine de langue d'oïl (à dominante franco-provençale), le Velay est sis en pleine zone de langue d'oc, au même titre que l'Auvergne dans son ensemble méridional.

A ce clivage linguistique entre le Forez et le Velay s'ajoute une série de découpages accentuant « l'auvergnatisation » : le Velay s'intègre en effet dans la région « Auvergne » administrée par un super-préfet siégeant à Clermont-Ferrand, tandis que le Forez dépend de la région « Rhône-Alpes » régentée depuis Lyon.

Le Velay, de surcroît, est rattaché à l'Académie de Clermont-Ferrand, et le Forez à celle de Lyon...

Alors? Les « Auvergnats » du Velay allaient-ils se regarder en chiens de faïence avec les « Lyonnais » du Forez?

Il n'en est rien, que l'on se rassure. Parce que la Haute-Loire et la Loire sont soudées par le même fleuve plus fort que toutes les arguties extraites de la paperasserie ou des singeries de l'histoire.

Les intérêts de ces deux départements sont aussi dans la plupart des cas complémentaires, de même qu'entre montagnards il n'existe pas de hiatus sociologique. Et s'il y a une ville élue susceptible d'attirer les Vellaves migrateurs, c'est bien Saint-Étienne, et nulle autre, qui décroche le coquetier.

A Lyon, en revanche, les Ponots (habitants du Puy), bien que très appréciés, ne constituent qu'une infime minorité par rapport à la masse des Savoyards et des Ardéchois... Voilà qui est fâcheux. Oui, fâcheux.

La plaisante sagesse lyonnaise exprime d'ailleurs à ce propos une maxime digne de méditation : « Femme du Puy et homme de Lyon font bonne maison »... Ce qui signifie qu'un tel mariage engendre le couple idéal : l'épouse pour son sens de l'économie, et le mari pour son âpreté au travail. Chapeau !

Le département de la Haute-Loire (43)
(région "Auvergne")

Ce Velay arrondi, transformé en département de la Haute-Loire par la Constituante, est limité, au nord, par la Loire et le Puy-de-Dôme ; à l'ouest et au sud-ouest, par le Cantal et la Lozère ; au sud-est et à l'est, par l'Ardèche.

D'une superficie de 4 965 km^2, il s'étend sur de hautes terres volcaniques dans toute sa partie centrale, et ne connaît en fait de plaines que celles du Brivadois, à l'ouest de l'Allier, ainsi que celles, fort exiguës, jouxtant çà et là le lit de la Loire ou réparties entre les chaînes montagneuses. Si bien que l'altitude moyenne du département se situe à 800 m.

Terre de châteaux romantiques, d'églises romanes fantastiques, de monastères, de chapelles secrètes, et où les forêts reprennent du terrain, le Velay présente un visage sévère à ceux qui ne regardent jamais au-delà des apparences et ne vibrent point au chant de l'oiseau.

Les écologistes et les fanatiques de la nature, en ce qui les concerne, savent que la Haute-Loire représente au contraire l'un des derniers refuges de la vie radieuse. Parce que l'urbanisation est ici insignifiante, et que la ville la plus importante : Le Puy (36 000 habitants), ignore la pollution. Qui dit mieux?

Voici par conséquent le paradis promis aux élus, à quelques kilomètres des enfers citadins, en retrait des routes dévorantes et autres horreurs de la société de consommation.

Sur ces voies des retours aux sources, les malicieuses congères de l'hiver donnent certes parfois le frisson, mais si vous n'êtes jamais allé au Canada fin janvier, ne manquez pas de combler cette lacune regrettable.

Et lors du sacre du printemps, les derniers flocons envolés, quel enchantement jusqu'à l'automne frémissant.

Quant aux montagnes fascinantes, sachez qu'à l'est les basaltes du Meygal (1 436 m) épousent des formes fantomatiques, tandis qu'à la limite de l'Ardèche, et débordant sur le Vivarais, le volcan du Mézenc culmine à 1 753 m, et ne demande (peut-être?) qu'à se réveiller.

Au Mézenc, on ne se trouve pas loin du Gerbier-de-Jonc, où la Loire prend sa source (mais c'est en Ardèche, par une curieuse ironie du sort !).

Dans le sud de la partie médiane du département, voici la chaîne du Devès, sorte de barre parallèle entre les vallées supérieures de la Loire et de l'Allier, dont le sommet culmine à 1 421 m. Franchi ce rempart intermédiaire, on parvient, à l'ouest, aux monts de la Margeride, « marge » naturelle entre le Velay et l'Auvergne authentique dans la Haute-Loire (mont Mouchet : 1 465 m).

Au nord, enfin, le relief, moins saillant, gravite autour de 1 000 m à proximité de La Chaise-Dieu où souffle le vent d'Auvergne, là où la prière s'élève vers le ciel, sur des résonances de Georges Cziffra.

FOREZ ET VELAY TOURISTIQUES DE "A" à "Z"
(Loire et Haute-Loire)

Au cours de ces pages, le point de vue du curieux l'emportera systématiquement sur le formalisme des guides traditionnels. Ce qui explique la place mesurée consacrée aux cités ou aux sites jouissant déjà d'une publicité de haut lignage... Les détails qui accrochent se taillent en effet ici une part prépondérante, au détriment des commentaires ressassés depuis la nuit des temps ! Sans compter qu'il n'a jamais été question pour nous de plonger tête baissée dans les eaux profondes de l'érudition. Cela va de soi, d'autant qu'une plaisante inclination a simplement guidé nos plumes en cet art du « taste-villages »...

La curieuse église romane de Landos (Haute-Loire).

43 — ALLIER (Gorges de l')

L'Allier coule près de *Pradelles* (où l'auberge Bellevue est bien sympathique), à la pointe sud du département, à la limite des départements de l'Ardèche, de la Lozère et de la Haute-Loire. Ce n'est encore qu'un gros ruisseau. Puis il sert de frontière entre la Lozère et la Haute-Loire sur une douzaine de kilomètres, pour pénétrer enfin en Haute-Loire à part entière (non sans difficultés, d'ailleurs). Pousser jusqu'à *Landos,* pour sa très curieuse église romane.

Entre Monistrol-d'Allier et Chanteuges son cours connaît divers accidents. Il devient alors intéressant de prospecter ses gorges et ses abords !

MONISTROL-D'ALLIER (600 m)

Le village est caractérisé par l'*église Sainte-Madeleine,* creusée dans le basalte et flanquée d'une croix du XIIIe dans l'ancien cimetière. Mais ce sont les gorges de l'Allier qui offrent le spectacle le plus inouï, taillées dans le granit et hérissées de rochers basaltiques aux dimensions monstrueuses. Rive gauche, les *orgues d'Escluzels,* et, rive droite, les *ruines du château de Rochegude* complètent ce site apocalyptique. De la *chapelle Saint-Étienne,* le panorama est à la mesure du chaos mitonné par la nature.

SAINT-PRIVAT-D'ALLIER (875 m)

De Monistrol-d'Allier, grimper à Saint-Privat par une route pittoresque. Rien n'empêche non plus, depuis ce village, de s'évader en amont de la rivière, jusqu'au *pont d'Alleyras* par une petite route en corniche. De toute façon, l'esplanade de Saint-Privat

L'église Sainte-Madeleine, creusée dans le basalte, à Monistrol-d'Allier (Haute-Loire).

permet de dominer les gorges de l'Allier. *Détail foudroyant :* Saint-Privat abrite le siège du « Centre National d'Études sur la Foudre », car ce village compte parmi les plus foudroyés de France ! Bien le bonjour à vous, M'sieu Franklin...

PRADES (550 m)

Sur la rive gauche de l'Allier, Prades est une oasis de paix près du redoutable rocher dominant une falaise basaltique sur la rive droite. L'église (XIVᵉ) mérite également une génuflexion.

SAINT-JULIEN-DES-CHAZES (525 m)

Sur la rive gauche de l'Allier, le village est non seulement célèbre pour les gorges de la rivière, mais pour avoir été le siège d'une abbaye féminine fondée sous le règne de Charlemagne. Il n'en subsiste qu'une *chapelle* (XIIᵉ) et cinq travées d'un cloître roman. En outre, sur la rive droite, la *chapelle Sainte-Marie-des-Chazes* (XIᵉ), en granit polychrome, possède un des trésors de l'Auvergne : *Notre-Dame-des-Chazes,* une Vierge à l'Enfant assise sur un trône, chef-d'œuvre de l'art roman.

CHANTEUGES (500 m)

Village construit au flanc d'une coulée basaltique, en amont du confluent de l'Allier et de la Desges. *L'église* (XIᵉ), en pierres rouges, est un des derniers témoins d'une abbaye rattachée au XIIᵉ à la Mense de La Chaise-Dieu. De vieilles maisons camouflent une perle rare : la *chapelle de l'abbé* (XVIᵉ), d'une parfaite élégance, à la porte magnifique et pratiquement intacte, communiquant avec les ruines d'un cloître. Gagner ensuite *Pébrac,* sur la rive gauche de l'Allier, par la D. 30, où les restes d'une abbaye du XIᵉ sont toujours debout sur une terrasse basaltique.

SIAUGUES-SAINT-ROMAIN (910 m)

Par les *gorges de la Fioule* (affluent de l'Allier sur sa rive droite), gagner Siaugues-Saint-Romain, petite station climatique agréable, au point de jonction de nombreuses excursions : le château féodal en ruine (1 041 m), le Signal de la Durande (1 299 m), etc.

42 — AMBIERLE

Au nord-ouest de Roanne, l'âme du Forez vibre intensément, particulièrement depuis le belvédère de « la Madone » d'où l'on embrasse la vallée de la Loire et la plaine du Bourbonnais. Des vignes nous indiquent aussi que le vin est apprécié en ces terres généreuses. Et voici Ambierle, où *l'église du XVe siècle* est célèbre pour ses stalles de bois sculpté et son triptyque de l'École burgondo-flamande, peint à Beaune en 1466. M. Pourrat, pharmacien à La Pacaudière, a consacré plusieurs films à ce surprenant triptyque. On apprend encore en ce sanctuaire que le premier évêque du Texas fut Mgr Jean-Marie Odin, natif de la commune, qui désira être enseveli dans l'église de son enfance, en 1870, après un demi-siècle passé aux États-Unis à évangéliser les Indiens.

Un couvent désaffecté jouxte l'église, proche de l'ancien Hôtel de la Sibylle, où Charles VIII séjourna et peaufina sa stratégie en ce qui concerne sa campagne d'Italie.

En outre, le *Musée Forézien,* créé par Alice Taverne, est à visiter toutes affaires cessantes (chaque jour de juin à septembre, et l'après-midi seulement les autres mois).

Une trentaine de salles comblent de satisfaction éclectique les folkloristes les plus exigeants, au sein d'une modeste gentilhommière du XVIIIe siècle. A l'issue de quelques heures enrichissantes passées en ce musée privé d'une incroyable séduction, on n'ignore plus rien du Forez : patrimoine artistique, géologie, préhistoire, vieux papiers, habitat, mobilier, costumes locaux, artisanat, gastronomie, armes de chasse, automates, outils aratoires et de métiers, mariage, sorcellerie, etc.

On médite un instant, au passage, devant la chambre d'une « béate » (une de ces pieuses villageoises qui assistaient jadis les curés dans leur office et pratiquaient l'art de la dentelle), et l'on se plaît à s'identifier à Blaise Genot, collectionneur de meubles anciens, caressant amoureusement le galbe de ses trésors amassés au fil des années...

Pour conclure, une dégustation des crus gouleyants du terroir s'impose.

43 — ANCE (Vallée de l')

L'Ance, affluent de la Loire, possède une vallée infiniment pittoresque entre Saint-Julien-d'Ance (près de *Craponne-sur-Arzon,* voir à ce mot) et son confluent avec la Loire à Monistrol-sur-Loire. De toute façon, nous explorerons assez largement cette vallée idéale...

— *Pontempeyrat,* pour ses bonnes auberges.

— *Saint-Julien-d'Ance,* où les pêcheurs de truites connaissent des jouissances rares après avoir adhéré à « La Gaule Craponnaise ».

— *Saint-Georges-l'Agricol,* où des poules picorent devant la massive église du XVe, près d'une auberge honnête.

— *Chalencon,* village médiéval inoubliable, blotti sous les ruines du château (XIIe) construit sur un piton planté au milieu d'une boucle de l'Ance. Le donjon s'élance comme un dard, émergeant d'une enceinte illuminée la nuit durant l'été. La chapelle a été remise en état grâce à quelques mécènes, et le village, naguère pitoyable, est aujourd'hui occupé et restauré par des gens de goût qui ont rendu tout son charme à ce joyau du passé. A voir (et à revoir) de même que le *Pont-du-Diable,* franchissant le fond du ravin rugissant.

— *Tiranges,* d'où l'on accède au Pont-du-Diable, et où les seigneurs de Chalencon possédaient un rendez-vous de chasse (le « château », comme on dit de nos jours).

— *Saint-Pal-de-Chalencon,* pour ses vieilles maisons à tourelles, la porte fortifiée sud, et ce qu'il reste du château (XVe), dont une partie sert de presbytère.

— *Valprivas,* pour son *château féodal* transformé sous la Renaissance. Il sert de siège à un centre culturel, et peut être visité toute l'année.

— *Beauzac,* pour son église romane et gothique recouvrant une crypte très vaste (voir l'article consacré aux gorges de la *Loire*).

— *Monistrol-sur-Loire* (voir l'article consacré aux gorges de la *Loire*).

42 — ASTRÉE (L')

Ne cherchez pas ce lieu sur une carte (si ce n'est celle du Tendre), car il s'agit du titre d'un roman ayant eu une influence considérable au XVIIe siècle. Le mouvement de la préciosité en est sorti casqué, sur le support de descriptions délicates de paysages du Forez en cette époque bucolique...

L'auteur de ce « best-seller » de 5 000 pages, Honoré d'Urfé (1568-1625), conte les amours tumultueuses du berger Céladon et de la bergère Astrée, aux prises sur les bords du Lignon, au temps des druides !

Astrée, croyant Céladon infidèle, le bannit de son cœur et l'accula à un si cruel désespoir que l'infor-

Le fameux triptyque de l'église d'Ambierle (Loire), en bois sculpté et doré, d'origine flamande, est attribué à Roger Van Der Weyden. Il date de 1466, et fut offert par Michel de Changy.

tuné se jeta dans le Lignon ! Sauvé par une nymphe, il se déguisa en pure jeune fille et vécut auprès de sa bien-aimée qui ne se douta de rien. Jusqu'au jour où Astrée, faite prisonnière, fut délivrée par Céladon qui retrouva opportunément son sexe pour la circonstance... Après quoi, le bougre se surpassa dans le domaine de l'exploit, changea en statues des lions et des licornes, et finit par obtenir la main de l'insatiable Astrée, séduite une fois pour toutes par tant d'audace chez son soupirant.

Il est donc indispensable de s'imprégner de l'esprit de cette singulière pastorale en furetant autour du *château de la Bastie-d'Urfé,* près de Saint-Étienne-le-Molard, là où Honoré d'Urfé puisa son inspiration échevelée (visite tous les jours, sauf en février).

Cet éblouissant château (le plus beau du Forez), de style Renaissance, fut construit et embelli de 1526 à 1568 par Claude d'Urfé (le grand-père du romancier), un homme de savoir qui acheva de s'ouvrir à la culture italienne lors de ses ambassades à Rome sous les rois François Ier et Henri II.

A l'origine, ce n'était qu'une maison forte, dont la métamorphose fut totale... On y évolue dans le charme florentin : rocailles, grottes, sphinx, portiques, pilastres cannelés, corniches à la gênoise, colonnes corinthiennes, etc.

Malheureusement, en 1872, un méchant spéculateur lyonnais fit l'acquisition de ce haut lieu et s'empressa de vendre les meubles, statues, peintures et autres merveilles ! La chapelle elle-même devint la proie des antiquaires, au point que ses boiseries se trouvent aujourd'hui au Metropolitan Museum de New York...

De l'immense bibliothèque, pillée à son tour, on est parvenu à sauver le procès-verbal de l'interrogatoire de Jeanne d'Arc, déposé à la Bibliothèque nationale.

Dieu merci, à partir de 1950, le château fut arraché à la ruine par l'action conjuguée des Monuments Historiques et de la « Diana » (Académie Archéologique de Montbrison) qui en est devenue propriétaire.

Honoré d'Urfé ne serait donc point trop dépaysé s'il revenait au château de ses rêves, sous le regard bienveillant de Fontenelle, lecteur assidu de *L'Astrée,* auquel on doit ce témoignage d'admiration...

O ! Rives du Lignon. O ! Plaines du Forez,
O ! Lieux consacrés aux amours les plus tendres !
Montbrison, Marcilly, toujours si pleins d'attraits,
Que n'êtes-vous peuplés d'Hylas et de Sylvandres...
Dieux ! Que je suis fâché que ce soit un roman.

A visiter dans les environs du château de la Bastie-d'Urfé : La croix du XIIe siècle de l'ancien cimetière de *Saint-Étienne-le-Molard.* — *Montverdun,* « ce grand rocher en pointe de diamant » où Honoré d'Urfé situait un collège de druides, et où subsiste un prieuré bénédictin en assez triste état. — *Le mont d'Uzore* (534 m) où notre romancier imaginait le Parnasse ! — *Marcilly-le-Châtel,* capitale fabuleuse du royaume de la reine Ama-

Château de la Bastie-d'Urfé (Loire).

sis, siège des mythes de l'Astrée ! — *Chalain-d'Uzore*, village fier à la fois de son château du XIVe siècle, modifié sous la Renaissance, et de sa vieille église romane. — *Goutelas*, élégante gentilhommière du XVIe siècle, intelligemment restaurée grâce à la ferveur de quelques intellectuels progressistes avec le concours des paysans de Marcoux, et réservée aujourd'hui à des séminaires (visites possibles en dehors de ceux-ci). — *Boën-sur-Lignon*, cité de passage (où les Lyonnais ne sont guère prisés, selon M. Gourgouillon), traversée par la N. 89. Toutes les plus belles excursions sont possibles d'ici. Un musée du Lignon est en cours d'aménagement. Voir aussi le *château de l'abbé Terray*, de style italien, construit au XVIIIe siècle, alors que cet ecclésiastique lustré était contrôleur général des finances du roi Louis XV ! — *Leigneux*, village perché au-dessus du Lignon, enserré dans un ancien prieuré du XIIIe siècle en grande partie détruit. Une fontaine miraculeuse, consacrée à sainte Albane, lave les péchés du monde, « blanchit » (comme son nom l'indique) ceux qui s'y abreuvent et prennent le soin de se recueillir ensuite devant la plus haute croix du Forez (XVIe s.), à l'ouest du bourg.

42 — AUBERGE (sanglante) DU COL SAINT-THOMAS

Notre ami Jacques Fontaine, journaliste à FR 3 Rhône-Alpes-Auvergne, nous a raconté (entre autres choses) la terrible histoire de cette auberge-frontière, accessible au départ de Saint-Just-en-Chevalet par la D. 1. Là où l'hôtelier, précurseur de celui de Peyrebeille, assassinait les voyageurs pour les voler, puis les enterrait dans son jardin où il récoltait de ce fait de magnifiques salades... Démasqué, et enfin jugé et pendu à Montbrison en 1770, sa maison fut brûlée et du sel répandu sur les cendres. A noter d'autre part, en ce col Saint-Thomas (938 m), la présence d'une plaque assez surprenante due à l'initiative de l'humoriste clermontois Aimé Coulaudon : « Ici finit la France et commence l'Auvergne ! » Redoublons par conséquent de vigilance avant de descendre à tombeau ouvert sur Chabreloche (Puy-de-Dôme) par la D. 86 E.

43 — BRIOUDE ET LE BRIVADOIS

Le Brivadois, ce coin enfoncé de l'Auvergne dans le département de la Haute-Loire, constitue en outre une région de transition entre le pays des Arvernes et celui des Vellaves. Dame Nature y a multiplié les merveilles, les hommes y ont accumulé des chefs-d'œuvre, et il va de soi qu'un séjour s'impose à Brioude, capitale de cette Terre Promise que le gouvernement de la République a dotée d'un sous-préfet !

En provenance du Puy-de-Dôme, la liaison intime avec « l'Ile Mystérieuse » ne fait aucun doute, alors que les limites réelles sont plus floues sur les marches du Velay... On affirme toutefois, venant du Puy par la N 102, que l'on pénètre en Brivadois à Fix-Saint-Geneys (1 106 m). Ne discutons pas, et faisons halte à Brioude, où Robert et Patrice Delmas, virtuoses du saumon de l'Allier, traitent si parfaitement leurs hôtes à l'hôtel Moderne (une des meilleures tables du centre de la France).

Brioude (434 m), sur la rive gauche de l'Allier, à 2 km du plan d'eau de la Bageasse, possède des origines vénérables. Les Gaulois s'y installèrent bien avant notre ère, et leur cité était connue sous le nom de *Brivas* (ce qui signifie le *pont*, en langue celtique).

Dès le IVe siècle après J.-C., le tombeau de saint Julien, martyrisé le 28 août de l'an 304 à la sortie nord de la ville, au lieu-dit « *la fontaine Saint-Julien* », devint l'objet de pèlerinages. Cet officier romain fut décapité sur l'ordre du gouverneur Crispinus pour avoir embrassé la « nouvelle religion ». De sorte que les pères de l'Église d'Auvergne lui dédièrent l'église de Brioude, tandis qu'à Paris on lui consacrait plus tard l'église Saint-Julien-le-Pauvre.

Les soudards de Crispinus ayant lavé la tête sanglante de Julien dans la fontaine en question, l'eau obtint d'emblée des vertus miraculeuses, et aujourd'hui encore on affirme qu'elle est souveraine pour la guérison des migraines et des maladies des yeux !

La *collégiale Saint-Julien*, de pur style roman auvergnat, a été construite à l'emplacement de la première église, détruite par les Sarrasins. Édifiée du XIe au XIIe siècle, au cœur de la ville, et retouchée intelligemment durant les deux siècles suivants, c'est la plus vaste église d'Auvergne grâce à sa prodigieuse nef de 80 m de longueur.

Les chanoines-comtes de Saint-Julien, maîtres absolus de Brioude (et pas toujours tendres pour leurs administrés), avaient voulu une église formidable, à la mesure de leur puissance... Il importe donc d'en effectuer d'abord le tour pour se rendre compte de son ensemble imposant, rendu séduisant par un emploi harmonieux de pierres rouges, grises et noires. Le porche sud a conservé ses portes aux ferrures primitives, et le porche nord est orné d'une statue de saint Jacques de Compostelle (XVe s.).

A l'intérieur, des restaurations récentes ont permis de retrouver des fresques du XIe à la tribune du narthex à deux étages de la chapelle Saint-Michel. Le Christ Pantocrator siège à la voûte céleste, pendant que sur les murs un démon gigantesque (le diable vert) règne sur un Enfer où les vices sont cruellement punis.

Mais redescendons sur terre pour contempler, dans le bas-côté droit, une étrange *Vierge parturiente* (XIVe s.), ainsi qu'un *Christ lépreux* d'un réalisme atroce (du XIVe également), en provenance de la léproserie Sainte-Madeleine, à la Bageasse. Dans le bas-côté gauche, retour à la sérénité avec une *Vierge à l'oiseau* (XIVe), en bois doré.

Le Christ lépreux de la collégiale de Brioude
(photo posée, le flash étant interdit).

Dans la nef, quelques beaux *chapiteaux historiés* (saintes femmes, chevaliers à la lance, dragons, etc.) ont fait naguère l'admiration de Prosper Mérimée.

Sur le *retable en bois sculpté du maître-hôtel* (XVIIIe), saint Ferréol et saint Julien montent une garde courtoise.

Le samedi matin, le pittoresque et animé marché de Brioude se déroule autour de la collégiale. Les amateurs y trouveront d'excellents fromages rustiques apportés par des paysannes des montagnes des alentours. Prenez-en bonne note.

Voir en outre l'*Hôtel de Ville* (XVIIe), construit sur l'emplacement du château des chanoines-comtes, et quelques *maisons anciennes* rue Savaron, place Eugène-Gilbert, rue du Chapitre, rue Séguret, et, rue du 4-septembre, la « Maison Mandrin ».

Sachez enfin que la société savante « L'Almanach de Brioude » publie chaque année de passionnantes plaquettes où sont approfondis divers points de la petite histoire locale.

A visiter près de Brioude : Entremont, aux portes de la ville par la D. 588 en direction de Grenier-Montgon, pour la chapelle renfermant une Vierge en bois du XIIe et une sainte Anne, de Mathieu Bonfils, élève de Vanneau (XVIIe). — *Blesle,* dans la vallée de l'Allagnon, affluent de l'Allier, au nord-ouest du département, à l'ouest de la N. 9 en provenance de Saint-Flour. Le village accueillant, d'aspect médiéval, « bonne ville d'Auvergne » au temps de la splendeur de son abbaye bénédictine de femmes, n'a conservé que l'*église abbatiale* (XIIe), de style roman auvergnat, un *donjon polygonal* (vestige d'un château fortifié du XIe), le *clocher de l'église Saint-Martin* (XIVe) et quelques vieilles maisons. — *Saint-Étienne-sous-Blesle,* pour la *chapelle du Cheylat,* dont la clé se trouve chez une voisine. — *Les gorges de l'Allagnon,* au départ de Blesle en direction de Lempdes. Les surplombs de basalte et de gneiss de cette vallée poissonneuse sont d'une beauté sévère, et servent de support aux ruines du *château de Léotoing* (XIVe) où les grimpeurs sont récompensés par le superbe panorama offert par les monts de la Margeride, du Livradois et le plateau de la *Chaise-Dieu-Lempdes,* où l'église, construite au XIe siècle par les Bénédictins de Sauxillanges, n'a conservé que son chœur roman. Voir aussi la *halle en semi-hémicycle* construite sous Louis-Philippe, caractérisée par deux charpentes superposées, et le *pont sur l'Allagnon* (XVIIIe s.). — *Auzon,* village jadis fortifié, échelonné sur une crête escarpée entre deux versants. Le *château féodal* (dont il ne reste que deux corps de logis, après avoir résisté victorieusement aux Anglais pendant la guerre de Cent Ans) et l'*église romane* sont les deux plus beaux fleurons de cette commune. La chaire de l'église, formée de trois pierres sculptées, comporte des inscriptions énigmatiques. — *Chassignolles,* où les *ruines du château* (XIIIe s.) et le portail de l'église romane, orné de chapiteaux naïfs, méritent un coup de chapeau au passage, entre Auzon et *La Chaise-Dieu* (consulter l'article consacré à ce haut lieu). Demander à voir dans l'église un reliquaire du XVe, en argent doré. — *Lamothe*, pour le *château des Beaufort*, dont un des membres devint pape sous le nom de Clément VI. — *Fontannes*, sur la route de Lavaudieu, pour un coup d'œil sur le *pont romain* franchissant la Sénouire. — *Lavaudieu*, pour les admirables *restes d'une abbaye bénédictine de femmes* (XIe s.) : église Saint-André et cloître. L'*église*, au clocher malheureusement défiguré par une absurde horloge de gare, abrite des

Le cloître de Lavaudieu (Haute-Loire), pure merveille du Brivadois.

fresques récemment découvertes. Mais c'est en visitant le cloître et les ruines des bâtiments conventuels dominant la Sénouire que l'on éprouve les plus grandes émotions artistiques. L'architecture romane de ce cloître, avec ses arceaux serrés et ses colonnettes surmontées de chapiteaux sculptés (s'intéresser à la femme impudique dont les seins sont rongés par deux salamandres), est unique en Auvergne. Dans le réfectoire des religieuses, une fresque byzantine est assez bien conservée, mais le Christ de bois est une reproduction (la tête authentique est au Louvre et le corps au Musée des Cloîtres, à New York). De l'autre côté de la place de ce délicieux village, on a aménagé, dans une vieille maison, un musée du *folklore paysan*. La cuisine reconstituée nous a permis de découvrir une très rare « nachade » (pour faire les criques de pommes de terre râpées). — Après Lavaudieu, poursuivre en direction de *Domeyrat*, dont les ruines du château sont impressionnantes (en faire le tour par la D. 20 et la D. 206). On comprend au cours de ce circuit l'importance de cette forteresse du XIIIe, flanquée de quatre tours. A la sacristie de l'*église romane* du modeste bourg, demander à voir le « Plat de Domeyrat », en noyer sculpté, daté de 1503, représentant la tête décapitée de saint Jean-Baptiste (ce plat était jadis l'un des attributs d'une Confrérie de Pénitents Noirs). — *Paulhaguet*, village agréable, mais où l'on exploite le baryte, ce qui en défrise les abords. — *Mazeyrat-Aurouze*, à 4 km de Paulhaguet, pour l'oratoire du lieu-dit « Brequeuille », où figure une vierge du XVe taillée dans un bloc de chêne. — *Chavaniac-Lafayette*, commune célèbre pour le *château où naquit Lafayette* le 6 septembre 1757. La devise latine de la famille : « CUR NON » (pourquoi pas?) inspira le prince des gastronomes Maurice Sailland lorsqu'il décida de se faire appeler CURNONSKY (pourquoi pas « sky », en effet, en ces années folles où les Russes étaient à la mode à Paris). Le château et son musée peuvent être visités de Pâques à la Toussaint. — *Langeac*, où les seigneurs se battaient entre voisins avec des œufs frais. Cité touristique importante où les souvenirs du passé sont rares, à l'exception de l'*église* (XVe) abritant une remarquable mise au tombeau en bois sculpté polychrome (XVe), une cuve baptismale de la même époque, et un maître-autel (chef-d'œuvre du XVIIe). La pluviométrie, grâce à un microclimat exceptionnel, est ici la plus faible d'Auvergne. — *Peyrusse*, pour son église romane au sommet d'un rocher. — *Aubazat*, hameau escarpé où l'on arrive après avoir franchi un pont tortu sur la Cronce, affluent de l'Allier. Voir dans l'église une mise au tombeau du XVe à huit personnages, très étrange (le tombeau du Christ étant constitué par une sorte de cage grillagée). — *Saint-Cirgues*, pour l'église romane et les bizarres têtes sculptées des demi-colonnes supportant les voûtes. — *Lavoûte-Chilhac* (dans une *volte* = boucle, de l'Allier), commune surprenante avec ses rues étroites et ses vieilles maisons intégrées à la montagne ou plongeant dans la rivière. Voir à l'église (XVe), dans un reliquaire du XVe, la plus petite Vierge du monde : Notre-Dame Trouvée (15 millimètres de hauteur). Elle a été ramassée sur les bords de l'Allier en 1496, et a déjà réalisé plusieurs miracles... Un *pont* (XIVe) traverse l'Allier. Sur la rive droite, à *Chilhac*, veille un bourg fortifié sur une falaise basaltique, fier de son église romane. — Depuis

Château de la Bastie d'Urfé (Loire). Un aspect du parc.

Lavoûte-Chilhac, rejoindre *Ally*, à l'ouest du Brivadois, commune sise à 965 m d'altitude, sur un plateau hérissé de moulins à vent jadis très actifs (un de ceux-ci a été transformé en église en 1973). D'autre part, M. Beyssat, professeur dans un Lycée Agricole, a remis en état de marche un autre de ces fameux moulins. *Détail inattendu :* des cactées (figuiers de Barbarie), acclimatées, dit-on, par les Sarrasins, forment un buisson de 800 m de long ! Certains ajoutent même que l'étymologie du village serait d'origine arabe : *Ali ?* — Retour à Brioude par *Vieille-Brioude,* cité de passage connue pour son *église romane* et son *pont élancé sur l'Allier* (1833) au point où la rivière élargit son lit dans la plaine brivadoise. A noter que sur les coteaux dominant l'Allier, en amont de Vieille-Brioude, on récolte un petit vin gris réservé à quelques connaisseurs.

43 — CHAISE-DIEU (La), haut lieu du Brivadois

La Chaise-Dieu (*Casa Dei :* la Maison de Dieu), à 1 082 m d'altitude, c'est avant tout l'abbaye bénédictine dont les restes splendides attirent chaque année des foules nombreuses.

Pierre de Beaufort, seigneur de Lamothe, chanoine-comte de Brioude, puis moine à La Chaise-Dieu, devenu pape sous le nom de Clément VI, fit commencer à ses frais l'actuelle basilique en l'an 1344. Il continua ainsi pieusement l'œuvre entreprise en 1043 par saint Robert, qui s'était retiré en ce site alors désert pour être plus près du Ciel, et fonda, venant de Brioude, l'abbaye primitive bientôt forte de 300 moines.

A la mort de Clément VI, son neveu, devenu pape à son tour sous le nom de Grégoire IX, fit poursuivre les travaux.

Mais nous n'insisterons pas sur l'histoire de La Chaise-Dieu, manifestement trop complexe, pour ne nous attacher qu'à de menues énigmes « casadéennes ».

Clément VI, pape d'Avignon, mourut en effet dans cette ville en 1352, mais son corps ne fut transporté à La Chaise-Dieu que quelques mois plus tard (où un splendide tombeau lui fut édifié).

Ce tombeau connut hélas un cruel destin en 1562, durant les guerres de Religion. Le gisant de Clément VI eut la tête et les pieds rompus par les Huguenots, et l'on ne songea qu'en 1674 à une première restauration ! Et puis, sous la Révolution, les pillages recommencèrent. L'église fut dévastée.

Selon l'érudit Georges Paul, des ménages s'installèrent un peu partout, et s'en prirent à l'ameublement du chœur et du sanctuaire ! Ce désordre n'ayant cessé qu'en 1798, le monastère était devenu méconnaissable...

L'abbatiale rendue au culte en 1820, on s'efforça peu à peu de réparer les dégâts, particulièrement en ce qui concerne les orteils du gisant de Clément VI que des chrétiens emportaient sans cesse, les considérant comme de précieuses reliques. Un abbé en récupéra treize dans une famille bien-pensante.

En revanche, les pupitres en cuivre à l'effigie de Moïse, des reliquaires d'argent, une statue en bois doré de la Vierge et autres trésors, ne furent jamais retrouvés...

Les choses étant ce qu'elles sont, *l'église* a toujours grande allure en dépit de son aspect sévère, d'un gothique « languedocien », avec ses murailles dénuées d'ornements et de sculptures s'appuyant sur vingt-six contreforts en glacis. Les restaurations, dignes de l'architecte initial Hugues Morel, ne feraient pas rougir celui-ci s'il revenait parmi nous... La façade flanquée de deux tours présente un aspect défensif, de caractère militaire, et se dresse sur une place en pente où coule une fontaine du XVIIe. La statue de saint Robert, sur le portail, n'a pas été épargnée par la fureur des Huguenots.

L'intérieur, sobre et austère lui aussi, se distingue par un jubé trapu soutenu par trois arceaux en accolade fermant le chœur où a été placé le tombeau de Clément VI. Les 144 stalles de chêne ont échappé par miracle aux divers pillages.

Dans le collatéral nord, figure une fresque célèbre : la « Danse Macabre » (1460), représentant l'égalité de toutes les classes et de tous les âges de la société devant la mort : pape, empereur, cardinal, roi, chevalier, docteur en Sorbonne, troubadour, paysan, patriarche, mère et enfant...

Dans le bas-côté gauche, le tombeau de l'abbé Renaud de Montclard (XIVe) nous rappelle que ce religieux vit Dieu le Père (ce qui n'est pas une apparition fréquente) à Cusse, dans la vallée de la Sénouire, en amont de Domeyrat...

La *Tour Clémentine,* flanquant le chevet de l'église, est un véritable donjon défendu par des mâchicoulis, où se retiraient les moines en cas d'attaque. Et voici le *cloître gothique* dont il ne subsiste que les galeries nord et ouest.

La *salle de l'écho* se trouve dans les vestiges des bâtiments conventuels (XVIIe). Ce curieux phénomène acoustique demeure apprécié des touristes après l'avoir été des confesseurs.

Détail sympathique : Une équipe exemplaire a décapé au cours des derniers mois les voûtes croisées d'ogives aux fins que « chante le granit de La Chaise-Dieu »... En faisant tomber des enduits sacrilèges, puis en dégageant des baies travesties par l'installation de portes ou de fenêtres, on a rendu leur dignité à de vieilles pierres meurtries. Et ce n'est pas fini, puisque la Charte culturelle de la Haute-Loire prévoit en outre la prise en charge par l'État d'équipements culturels (création d'une école de lutherie, clavecin et facture d'orgue dans les bâtiments conventuels en cours de restauration).

A visiter près de La Chaise-Dieu : le *lac de Malaguet* (1012 m), au sud, très attrayant, au sein d'un environnement forestier et hôtelier particulièrement accueillant. Plus au sud encore, *Allègre,* à la limite de l'Auvergne et du Velay, où le site est aussi splendide qu'insolite. Les ruines du château féodal (XIVe) se présentent sous la forme d'un gibet monstrueux (effondrement d'un mur entre deux tours), de sorte que les bonnes gens parlent de la « potence » des barons de Tourzel (ce qui est inexact). D'autre part, on effectue volontiers l'ascension du mont Borie (1093 m), belvédère providentiel, au cratère démantelé par une explosion fantastique, et du mont Bar, culminant à 1167 m, au cratère intact, dont le fond est occupé par une tourbière. George Sand venait herboriser au mont Bar, où la flore offre des spécimens uniques. Au cimetière, se trouve la tombe de Camille Robert, auteur de la chanson « La Madelon pour nous n'est pas sévère » (le « tube » des poilus de 14-18). — *Jax,* pour le curieux porche de la chapelle romane et son vigilant gardien.

42 — CHARLIEU

Charlieu tire son nom de la fondation de l'abbaye par les Bénédictins en l'an 876, ceux-ci ayant choisi cette bourgade d'origine gallo-romaine pour la sérénité de son site dans la vallée du Sornin, en ce *Carus Locus* (« cher lieu ») auquel leur implantation donna un rayonnement extraordinaire...

Le monastère, rattaché à Cluny en 932, connut une vie intense jusqu'à la Révolution, et vit peu à peu se former autour de lui, et grâce à lui, une cité marchande que les insécurités du temps obligèrent à se fortifier, tandis que s'édifiaient au cours des âges de nouveaux bâtiments religieux de styles différents, se superposant à l'occasion. Il en est résulté un ensemble monumental unique dans la région.

On visitera par conséquent successivement :

— 1° *L'abbaye bénédictine* (X^e-XVIe siècles), agrandie au XIIe, et dont l'entrée est flanquée d'un donjon datant du roi Philippe Auguste (qui avait pris le prieuré sous sa protection). Le portail du narthex de Saint-Fortunat (XIIe) a utilisé toutes les ressources de la féerie persane et orientale, de concert avec l'art gréco-romain, au service de l'évocation du Ciel : Christ dans une gloire soutenue par deux anges en présence des apôtres assis sur le linteau, Vierge assistée également de deux anges et vision de l'Apocalypse selon saint Jean (à savoir : deux vieillards jouant de la viole, agneau sur l'archivolte, animaux fabuleux en marge de l'Éternel). Aux extrémités du linteau, saint Jean-Baptiste, souffrant à la suite de coups de marteau, est revêtu d'une peau de mouton ; le roi Boson, mutilé également, porte une église ; et la Luxure n'en mène pas large sur la face intérieure du jambage de gauche, enlacée par un serpent, le sexe rongé par un crapaud ! D'autres personnages intéressants ont été à leur tour martelés, hélas, sous la Révolution... Seul Ratbert, évêque de Valence, qui donna son domaine en vue de la fondation de l'abbaye, a été épargné (par égard sans doute pour sa bonne mine).

De l'abbaye primitive (la première, construite au Xe siècle), subsiste un bas-relief représentant Daniel dans la fosse aux lions.

Sur la *baie,* à droite du grand portail, le spectacle est complet : noces de Cana, transfiguration du Christ, Moïse, Élie, saint Jean, saint Jacques et

Le sexe impudiquement exhibé d'une pécheresse du cloître des Cordeliers, près de Saint-Nizier-sous-Charlieu (Loire).

L'abbaye cistercienne de La Bénisson-Dieu (Loire).

saint Pierre. Le Maître de Charlieu a bien fait les choses.

Au *musée de l'abbaye,* voir une Vierge à l'oiseau (XVᵉ) sauvée des ruines de l'église d'Aiguilly, près de Roanne.

Quant au *cloître* de l'abbaye, il ne date que du XVᵉ siècle, et ne doit pas être confondu par les visiteurs pressés avec le Cloître des Cordeliers, manifestement plus beau !

— 2° Empruntons donc la route de Saint-Nizier-sous-Charlieu, où le *Couvent des Cordeliers* (XIIIᵉ-XVIᵉ) offre surtout de l'intérêt pour son *cloître* (XIIIᵉ). Les péchés capitaux s'y taillent dans la pierre blonde une part conforme à leur exécrable réputation.

— 3° L'*église Saint-Philibert (XIIIᵉ-XVIIᵉ),* dont le chœur est le seul témoin en Roannais de l'art gothique du XIIIᵉ siècle. L'avant-chœur date du XIVᵉ, alors que la voûte est moderne (1864). On a restauré une statuette ancienne de saint Crépin, patron des cordonniers (naguère assidus en cette église).

— 4° La *chapelle de l'Hôpital (XVIIᵉ-XVIIIᵉ),* pour son retable en bois doré (XVIIIᵉ) et la garniture de l'autel en cuir de Cordoue.

Enfin, les *vieilles rues de Charlieu* méritent d'être prospectées par les fureteurs. On y rencontre des maisons de caractère s'échelonnant du XIIIᵉ au XVIIIᵉ siècle : 32, rue Jean-Morel (maison dite des « Anglais », à échauguettes et loggia au 3ᵉ étage) ; à l'angle de la rue Jean-Morel et de la rue Grenette ; 12, rue Mercière ; etc.

A visiter près de Charlieu : les églises du Brionnais : Châteauneuf, La Clayette, Bois-Sainte-Marie, etc. (mais c'est en Saône-et-Loire). — *Pouilly-sous-Charlieu,* pour le *château de Montrenard,* forteresse carrée du XIVᵉ, entourée de fossés et ne possédant qu'une entrée sur pont fixe (visite extérieure seulement). — *La Bénisson-Dieu,* à l'ouest de Charlieu, village célèbre pour son *abbaye* cistercienne (dont le nom s'orthographie sans « s », car il signifie « Bénédiction de Dieu »). La fureur révolutionnaire n'épargna que l'église abbatiale, avec sa nef du XIIᵉ, d'esprit cistercien (sans luxe décoratif), sa toiture (1460) en tuiles vernissées rappelant un tapis oriental et son clocher du XVᵉ. A l'intérieur, la Vierge et sainte Anne (groupe sculpté) et le Père Eternel font l'admiration des amateurs de l'art du XVIᵉ siècle. — *Coulouvre,* au sud, pour son église romane et son retable de bois sculpté (XVIIᵉ s.). — *Belmont-de-la-Loire,* à l'est, chef-lieu de canton à la limite du Haut-Beaujolais, où le mont Pinay domine la situation (883 m). Mais pas de monument notable en ce terrain accidenté, granitique.

42 — CHAZELLES-SUR-LYON

En 1148, Guy II de Forez, au retour des Croisades, implanta dans ce village une Commanderie de Saint-Jean-de-Jérusalem. Son intention était de dresser, en ce point stratégique de son comté, une forteresse susceptible de tenir tête à celle de Saint-Symphorien-sur-Coise, propriété de l'archevêque de Lyon... Or il se trouva que cette Commanderie dont l'histoire se confond avec celle de Chazelles, engendra une industrie florissante : celle du chapeau !

Les chevaliers de Saint-Jean, en effet, rapportèrent de l'Orient l'art de fouler et de travailler le poil de lapin, de façon à en faire du feutre. Jusqu'au XIXᵉ siècle, où la Commanderie n'étant plus qu'un souvenir, l'industrialisation du chapeau succéda à l'artisanat...

Il ne subsiste aujourd'hui que des restes de la fameuse Commanderie (château et remparts). A l'intérieur de l'église romane (très remaniée, hélas), voir un blason décoré d'un ange musicien (la voix céleste des chevaliers de Saint-Jean).

Allègre (Haute-Loire). Au sommet du village : la « potence ».

42 — COUZAN (Le pays des)

Franchie la N. 89 entre la frontière du département du Puy-de-Dôme et Boën-sur-Lignon, on pénètre, en direction du sud, dans le pays des Couzan... On en a fini avec les Monts de la Madeleine, alors que les montagnes du Forez sont là ! Mais avant, ne perdons pas de vue quelques villages dignes d'intérêt dans la série des Rochefort : *Saint-Didier-sous-Rochefort* (église du XVIe siècle), *Saint-Laurent-sous-Rochefort* (église du XVe, ruines du *château de Rochefort*), et *L'Hôpital-sous-Rochefort* (église du XIIe où subsiste une statue de bois du XVe représentant Notre-Dame-de-Grâce).

Le Père Éternel de l'abbaye de La Bénisson-Dieu (contrairement à Jean-Paul II, il porte une tiare : cette singulière coiffure adoptée longtemps par les papes).

A l'ouest, dans *les bois de l'Ermitage* jouxtant l'Auvergne, au pied d'un des sommets de la « Grande Cordillère du Forez » (1 306 m), le monastère de *Notre-Dame-de-l'Ermitage,* occupé par les missionnaires de la Salette, remonte au XVIIIe siècle. Faire l'escalade du rocher de Peyrotine (panorama).

Mais revenons-en aux cités couzanaises, via le pittoresque village de *La Chambonie,* la D. 101, puis la D. 6...

— *Chalmazel,* station de sports d'hiver la mieux équipée de la région (6 téléskis et 1 télécabine à Pierre-sur-Haute). Le *château de Chalmazel* (XIIIe siècle), avec sa couronne de mâchicoulis, représente une forteresse redoutable ouverte à la charité depuis qu'un hospice l'occupe en partie. Vécut en ces murs une illustre famille : les Talaru, marquis de Chalmazel, dont le dernier descendant mourut en 1850. Au cours des siècles, les Talaru, qui fournirent plusieurs archevêques à Lyon, délaissèrent peu à peu ce nid d'aigle pour l'aimable château de Saint-Marcel-de-Félines (voir à ce propos l'article consacré à *Saint-Symphorien-de-Lay*). Nous sommes ici au pays des *jasseries :* Garnier, de la Croix-Fossat, Colleigne, des Granges, etc. Les « jasseries » (que l'on retrouve dans le *Pilat*) sont des constructions robustes, couvertes de lauzes ou de chaume, où s'élaborent, dans les hauts pâturages, à la « belle saison », la fourme de Montbrison, dite aussi « fourme d'Ambert ».

— *Saint-Georges-en-Couzan,* pour son *église* du XVe s., la *fontaine de saint Martin* et le *Pont du Diable* sur le Lignon.

— *Sail-sous-Couzan,* cité réputée pour ses eaux minérales. Onze millions de bouteilles sont tirées annuellement de la fameuse source, connue des Romains et redécouverte en 1612 par le médecin Claude de la Roue. Dans les jardins de la commune, des sculptures d'avant-garde d'Avoscan, de J.-P. Domergue et de J.-C. Galland rappellent que l'on se tourne sans réserve vers l'avenir au pied des ruines du *château de Couzan.* Ce formidable château, érigé sur une assise carolingienne dès le XIIe siècle, fut le siège d'une des quatre baronnies du Forez. Les seigneurs de Couzan appartenaient à l'origine à la branche masculine de la famille de Damas, puis le château passa en 1447 à Guy de Lévis (dont la famille se prétendait apparentée à la Sainte Vierge, ce qui autorisait les Lévis à qualifier celle-ci de « Ma Cousine »). Ce qu'il y a de certain, c'est que cette « plus belle défense du Forez », sur sa crête, en est

Le socle de la croix de Saint-Bonnet-le-Courreau (Loire), qui inspira Eiffel pour la base de sa tour métallique !

réduite aujourd'hui à des ruines prestigieuses : quatre tours reliées par d'épaisses courtines et protégées par trois enceintes. A partir de 1965, la Diana (de Montbrison), propriétaire des lieux, autorisa des spectacles de théâtre dans la cour centrale de la citadelle, en mesure d'accueillir de nombreux spectateurs. Sous la scène, on a dégagé l'entrée des oubliettes (où rien n'empêche de précipiter les mauvais acteurs, le cas échéant). Et pourquoi pas, les choses étant ce qu'elles sont, ne pas programmer « Ubu Roi », ce fanatique de la trappe?

— *Saint-Bonnet-le-Courreau,* dont l'étymologie procède du chêne (*cora,* en dialecte forézien). A plus de 1 000 m d'altitude, cette commune occupe une superficie considérable, la plus vaste du département de la Loire. L'église (XVIe siècle) jouxte une croix de pierre dont Eiffel s'inspira pour la base de sa tour métallique ! Qui s'en doutait ?

— *Sauvain,* village bâti sur un rocher à pic dominant la vallée de la rivière de Chorsin, où subsistent des ruines de remparts (porte fortifiée du XIVe s.). L'*église* (XIIIe s.) possède un clocher élevé en 1502. Le château (moderne) fut naguère la propriété de M. Lépine, préfet de police de Paris, très lié avec Eiffel (fureteur à ses heures). Se rendre ensuite à la « Maison Sauvagnarde » où l'on initie les gourmets aux secrets de la fourme.

43 — CRAPONNE-SUR-ARZON

A 920 m d'altitude, on respire pleinement... Et c'est peut-être pourquoi Napoléon Ier y envoya en 1813, pour lui faire changer d'air, une encombrante maîtresse, la pulpeuse Bellilotte, tombée en disgrâce vers la fin de son règne.

Le Dr Bachelier, l'érudit local, attribue au celtique *cra* (roche) et (peut-être?) au non moins celtique *vonne* (source) l'étymologie de cet aimable village : *Craponne* (les sources des roches) sur l'*Arzon* (rivière). Il existe en effet, au nord-est de la cité, les *Roches de Monclou,* riches de plusieurs sources où sévissait jadis le génie Roubi (que l'Église transforma en saint Robert quand ce saint devint populaire).

On découvre avec intérêt des traces néolithiques, gauloises et romaines en ce bourg jadis fortifié. Voir aussi la fontaine Bardon et la fontaine du For (Forum), de même que le *donjon* (affligé d'une horloge) vestige du château primitif.

Du côté extérieur, le mur de ce donjon ne possède que deux archères, et non pas des arbalétrières (ce qui signifie que l'on ne pouvait tirer que des flèches, avec des arcs dont la portée meurtrière ne dépassait guère dix toises [vingt mètres], alors qu'avec les carreaux d'arbalètes on portait la mort jusqu'à 40 toises). Il est important de noter à ce sujet que le Concile de Latran de 1139 (le deuxième) avait proscrit l'usage des arbalètes, aux fins d'humaniser la guerre entre chrétiens. Malheureusement, cette tentative de contrôle des armements dangereux ne dura guère, car les Anglais n'en tinrent compte que jusqu'en 1194, année où Richard Cœur de Lion décida de recourir à nouveau aux arbalétriers contre le roi de France Philippe Auguste. Il résulte de cette constatation que le donjon en question a été édifié avant 1194.

L'*église* actuelle a pris la place, au XVe siècle, de la chapelle du château disparu, mais les chapelles ne furent ajoutées qu'au XVIe. On y admire une Vierge d'albâtre du XIVe et une chaire du XVIIIe.

Des remparts, il ne reste que la *tour Pâturel.*

Les archères du donjon de Craponne-sur-Arzon (Haute-Loire).

A visiter près de Craponne-sur-Arzon : La vallée de l'Ance (voir l'article consacré à cette rivière et à ses abords). — Une croix sur un *menhir phallique,* vers Le Vernet. — *La Chapelle d'Ollias* (XVᵉ), dite « Notre-Dame-des-Neiges », sur le chemin de Soulages, construite à la suite de la découverte d'une vierge mystérieuse dans un cercle de neige. — *Saint-Jean-d'Aubrigoux,* pour son église romane (remaniée par la suite), le champ de fouilles gallo-romaines de « Marus », et le suc de Médeyrolles (1190 m), belvédère sur le Forez et l'Auvergne. — *Beaune-sur-Arzon,* où l'on a retrouvé des pierres à cupules préhistoriques, et où l'on entend des gémissements peu ordinaires (le vent?) à certaines époques de l'année. — *Chomelix,* pour les ruines du *château féodal d'Arzon* (à ne pas confondre avec celui de Craponne). De la forteresse féodale (XIᵉ) il reste quelques murs et les oubliettes. Les druides possédaient sur ces hauteurs un centre important, et ils ont laissé des traces : la terrasse des fées, le cimetière des druides, la grotte de la reine des eaux, et la « tsadaïre de la Damna » (la chaise de la Dame Blanche). Les seigneurs d'Arzon, par le jeu de portes de fer unissant les eaux de l'Arzon et de son affluent la Chamallière, pouvaient transformer leur château en île en cas de danger.

43 — **DUNIERES** (780 m d'altitude)

Du château féodal de Dunières, il subsiste *la tour Maubourg,* dominant le village, alors que dans le second château, plus récent, les sœurs de Saint-Joseph se sont installées. La famille d'Espinchal s'illustra en ce fief jusqu'au jour où Gaspard d'Espinchal, condamné à mort durant les Grands Jours d'Auvergne, se réfugia auprès du duc de Bavière et porta les armes contre la France... Mais Louis XIV le réhabilita pour avoir organisé le mariage du dauphin avec Marie de Bavière ! Ce qui prouve une fois de plus que la trahison n'est qu'une question de date.

A l'*église,* on remarquera le chapiteau de la Luxure (toujours elle).

Autre sujet attractif : le *petit train de Dunières.* Grâce à ce délicieux tortillard on peut se rendre le cas échéant à *Saint-Didier-en-Velay,* via *La Séauve-sur-Semène* (où l'industrie a mis en condition une abbaye cistercienne).

Saint-Didier-en-Velay (835 m) est une cité réputée pour son carnaval dans la tradition des mascarades vénitiennes. De vieilles rues, des croix sculptées, et enfin le « musée de l'outil » de M. Georges Dubouchet donnent du piment à un séjour de détente.

42 — FEURS

Se référer à la partie historique en ce qui concerne l'origine de cette cité ségusiave (Forum Ségusiavorum), jadis capitale du Forez.

S'arrêter au *musée gallo-romain* (ouvert tous les jours en juillet et août, et seulement mercredi, samedi et dimanche durant les autres mois).

A la « Boaterie », voir encore les vestiges d'un temple romain, ainsi que les restes du mur d'enceinte du château disparu... Le parc de l'ancien couvent des Minimes se prête d'ailleurs à la méditation.

A visiter près de Feurs. Tout d'abord, les étangs romantiques de l'est de la ville, et, d'autre part, en tournant dans le sens des aiguilles d'une montre autour de ceux-ci... *Pouilly-les-Feurs,* village fortifié à prospecter selon l'itinéraire fléché, réputé pour son église (XIIᵉ s.) au portail décoré de chapiteaux cocasses (l'un représente deux lions dévorant un homme !). En outre, le chœur, dévié à droite, rappelle la position penchée de la tête du Christ sur la croix. — *Néronde,* au nord, où subsistent des restes de fortifications, sans omettre la chapelle du cimetière, ornée d'ex-voto. — *Montchal,* d'où la vue est fort belle. — *Panissières,* où l'église moderne renferme un confessionnal du XVIIIᵉ siècle. — *Jas,* village perché, l'un des plus fleuris de France, où une maison forte du XVᵉ siècle a conservé ses tours rondes. — *Salt-en-Donzy,* où les sources minérales furent exploitées par les Romains (colonnes antiques près des sources). Un prieuré dépendant de l'Abbaye de Savigny y fut fondé en 1018 (transformé de nos jours en hôtel). A quelques centaines de mètres, les ruines du château de Donzy (XIIᵉ-XIVᵉ siècles) se dressent sur un piton. Le connétable de Bourbon, après avoir pris possession du Forez, se retira en ce château en 1523 avant de rejoindre l'armée de Charles Quint. Puis, après sa « trahison », le château fut adjugé à un riche marchand lyonnais, et finalement démoli en 1603. — *Saint-Martin-Lestra,* sur l'ancienne voie d'Aquitaine, tire son nom de cette route (Lestra = *strata*), tout comme *Saint-Barthélémy-Lestra.* — *Valeille,* pour son église (XVᵉ s.) et sa chapelle champêtre au clocher singulier. — *Saint-Cyr-les-Vignes,* où le vin a perdu sa place, mais où vous rencontrerez (peut-être) le barde du champagne Bernard Forissier. — *Bellegarde-en Forez,* village natal du révolutionnaire Javogue, où le *château* médiéval n'a conservé qu'une tour ronde de ses origines (tous les autres bâtiments datant du XVIᵉ). — *Marclopt,* où subsiste un sarcophage romain, près de l'église, dédié à son fils par Titius Audax. — *Saint-Laurent-la-Conche,* village dominant la Loire où se trouve une grande cuve en pierre (une *conche,* d'origine romaine, ayant donné son nom au village). — *Cleppé,* pour la tour des Bourbons et l'église (XIIᵉ s.). — *Mizérieux,* où la source miraculeuse de saint Fortunat, patron des cuisiniers, rend la santé à ceux qui souffrent d'une mauvaise digestion. — *Épercieux-Saint-Paul,* où subsiste une croix (XIIᵉ s.).

42 — FIRMINY, CAPITALE DE LA VALLÉE DE L'ONDAINE

Le petit mystère de Firminy, à la frontière du Velay, ne s'élucide pas derrière la vieille porte rescapée des démolitions de l'église Saint-Pierre, mais en tentant d'approcher l'étymologie du mot *apelou !*

Les *Apelous* sont en effet les habitants de Firminy ! Quid ? Sur ce thème, nous avons longuement débattu cette question à l'issue d'un excellent déjeuner au « Pavillon », en compagnie des propriétaires de cet hôtel-restaurant, et notamment avec le chef Jean-Paul Cartal et sa dynamique sœur Danièle Carré-Cartal, « Meilleur Sommelier de France 1978 », tous deux passionnés de petite histoire et collectionneurs de moulins à café...

D'après les recherches de la Société d'Histoire de Firminy que préside M. Bernard Besson, plusieurs hypothèses se présentent, mais la plus sérieuse se situe au niveau du tablier des cloutiers de Firminy (ces « pelous » d'autrefois si peu favorisés par la fortune).

L'*apel* était le tablier de cuir des cloutiers (plus

Danièle Carré-Cartal, 1ʳᵉ Sommelière de France 1978. Hôtel-restaurant du Pavillon à Firminy (Loire).

grand que celui des mineurs, mais justifiant chez les uns et les autres la qualification familière d'*apelou*). Une peau tout entière recouvrait les bras et les jambes (une « a-peau » selon la prosthèse coutumière dans le patois forézien). De sorte que dans les nouvelles armoiries de Firminy on a fait apparaître ce tablier désormais légendaire.

La clouterie, qu'elle soit industrielle ou artisanale, a disparu à Firminy, et les derniers apelous n'existent plus que dans le souvenir ! Pourtant le travail du clou fut à l'honneur à Firminy dès le XVIIe siècle et se distingua par d'admirables clous forgés. Émile Zola, dans « Travail » (1901), glorifie les cloutiers de Firminy. On fournissait à ces individualistes forcenés 25 kilos de fer en verges, contre lesquels ils devaient livrer 20 kilos de clous. Pour plus de détails, consulter le livre de Jean-Paul Bravard : « La clouterie artisanale à Firminy. »

A Firminy, voir aussi le remarquable ensemble architectural de Le Corbusier : *Firminy Vert*, où la *Maison de la Culture* organise d'intéressantes expositions (celle sur la clouterie ne fut pas la moins appréciée).

Le *château des Bruneaux,* enfin, au sommet de la

Les ruines fantastiques du château de Grangent (Loire) émergeant des eaux de retenue du barrage.

côte du Logis Neuf, a été acquis par la ville de Firminy et restauré intelligemment. Des expositions y sont également organisées. Cette noble demeure fut jadis la propriété de la famille de Berchoux. L'illustre écrivain Joseph de Berchoux appartenait à cette saga forézienne disposant de plusieurs branches réparties dans la région. On lui doit le mot « gastronomie » (voir à *Saint-Symphorien-de-Lay*).

A noter que les sociétés savantes de la Loire se sont réunies en juin 1976 au château des Bruneaux :

— Les Amis du Musée de Feurs, les Amis de Bourg-Argental, les Amis du Vieil Aurec, les Amis du Vieux Saint-Étienne, les Amis du Vieux Saint-Rambert, les Amis du Vieux Villars, le Centre de Spéléologie et d'Archéologie de Mizelet, le Centre d'Études Foréziennes, les Chemins du Passé de Saint-Symphorien-de-Lay, La Diana, le Groupe d'Histoire de Balbigny, la Société des Amis des Arts de Charlieu, la Société d'Histoire de Firminy (bien sûr), la Société d'Histoire de Roche-la-Molière, la Société d'Histoire de Rousset, le Parc Régional du Pilat, les Amis du Vieux Saint-Galmier et les Amis de l'Ancien Temps de Roissy.

Détail singulier : Le maréchal de Jourda de Vaux, propriétaire du manoir de Paulat (disparu), conquit la Corse, la pacifia et la rattacha à la France en 1769.

A visiter près de Firminy et de la Loire domptée par le barrage de Grangent : Unieux, avec le château de Cornillon sur une crête. Dominant le lac engendré par le barrage, ce château du XIe, restauré au XVIIe, offre un magnifique panorama. — *Les ruines fantastiques du château de Grangent,* sur un rocher émergeant par miracle des eaux. — *Le Pertuiset,* où les sports nautiques sont devenus à la mode, tandis que Roland Verdier réserve bon accueil en son restaurant touristique, près d'un pont suspendu ajoutant au pittoresque du décor. — *Chambles,* dont l'église a été construite à l'emplacement d'une forteresse féodale, et d'où l'on gagne le *château d'Essalois,* qui semble désormais n'avoir d'autre objectif que de veiller sur le barrage, en marge de l'oppidum gaulois évoqué dans la partie historique du guide. — Ne pas négliger une promenade en bateau sur le lac de Grangent, permettant une vision différente des sites entrevus depuis la D. 108 et des points culminants qui la cernent. — *Saint-Victor-sur-Loire,* sa station nautique, son château, son église (XIe s.), et son cimetière panoramique d'où les morts ne peuvent hélas jouir de la vue s'offrant aux vivants. *Saint-Rambert-sur-Loire* enfin, à l'extrémité de la D. 108 (lorsqu'on laisse le lac de Grangent derrière soi), où l'église *Saint-André* (XIIe s.) caractérisée par deux clochers différents, quelques *maisons anciennes* et un *musée* ethnographique jouxtant l'église, justifient une halte prolongée. A noter que de nombreux chantiers de construction de bateaux légers se créèrent à Saint-Rambert au début du XVIIIe siècle, et les curieuses barques appelées « saint-rambertes » commencèrent à descendre la Loire jusqu'à Nantes lestées de divers chargements. Aucune de ces embarcations ne pouvant remonter le fleuve, on les bradait à l'arrivée, et les mariniers de Roanne regagnaient leur port à pied !

42 — GIER (Vallée du)

La vallée du Gier, jadis agreste et fleurie entre le Pilat et le Rhône, s'est industrialisée à outrance de Saint-Chamond à Rive-de-Gier. Elle a reçu de ce fait le sobriquet de « Vallée noire », dû initialement aux mines de charbon...

Saint-Chamond

La ville elle-même n'a conservé que peu d'éléments susceptibles de passionner le touriste ! Toutefois, l'*église* (XVIIe s.) possède une statue de la Vierge (XVe s.) et un plafond à caissons, alors que *l'Hôtel de Ville*, installé dans un couvent du XVIIe siècle, ne présente rien de caractéristique. Au n° 89 de la rue de la République, la *Maison des Chanoines* mérite un coup d'œil. Du vieux château, d'autre part, il ne subsiste qu'une porte en pierre de taille, impasse du Château ! Ce malheureux château fut démoli, ainsi que la Collégiale Saint-Jean Baptiste, sous la Révolution... On parle pourtant encore des fastes de cette noble demeure où le marquis de Saint-Chamond, ami de Louis XIV, donnait de splendides réceptions entre ses diverses ambassades.

Détail amusant : les habitants de Saint-Chamond s'appellent des *Couramiaux* (étymologiquement : « coureurs à miaou »). Ce qui signifie que ces braves gens savaient s'amuser à l'occasion des feux de la Saint-Jean. Au centre du feu principal, un mât était dressé, surmonté d'une cage de bois léger contenant un chat vivant. Un membre de la famille seigneuriale, assisté d'un prêtre, jetait une torche sur les fagots secs. Le pied du mât ne tardait pas à se consumer, puis à s'écrouler, et la cage, dans sa chute, se disloquait. Si bien que le chat, devenu libre, le poil roussi, se sauvait en miaulant, poursuivi par les habitants...

Le *barrage de Soulages,* sur le haut Gier, mis en eau en 1970, est dû à une initiative de la municipalité de Saint-Chamond. Sous une hauteur de retenue de 40 m, cet ouvrage d'art emmagasine 2 600 000 m³ d'eau.

Rive-de-Gier

Cette ville, dont les habitants sont des « Ripagériens », possède un nom trompeur, car le Gier était devenu ici un tel cloaque qu'il fut transformé en égout ! La dolce vita ne s'y manifeste en outre qu'assez furtivement en cet univers de forges, de verreries et d'usines diverses...

En revanche, l'*Hostellerie de la Renaissance*, véritable oasis de joie de vivre au cœur de tous les complexes industriels environnants, mérite un détour pour l'excellente cuisine de Gilbert Laurent.

Et puis, le cœur y étant, aller se recueillir un instant devant la *Vierge à l'Enfant* (chef-d'œuvre de bois sculpté du XVe s.) à la cure de l'église Saint-Jean.

Près de Rive-de-Gier, le *zoo* de *Saint-Martin-la-Plaine* n'est pas comme les autres. Le propriétaire considère ses animaux comme des membres de sa famille. C'est un exemple à suivre.

42 — JAREZ (Le) ET LES ABORDS DU PILAT

Coupé en deux par la vallée industrielle du Gier, ce montagneux pays possède quelques hauts lieux touristiques en marge des cités concentrationnaires (*Jarez*, mot construit sur le Gier, se prononce *Jaré*). Voir simultanément l'article consacré au *Pilat*.

1. *Au nord de l'A. 47 ou de la N. 88.*

— *Valfleury* (720 m) d'où la vue est belle. L'église moderne, construite par Bossan (l'architecte de la basilique de Fourvière, à Lyon), n'est pas un chef-d'œuvre ! En revanche, une *vierge romane*, objet de pèlerinages, est conservée sur le maître-autel (elle aurait été trouvée par des bergers, il y a mille ans, sous des genêts en fleurs).

— *Saint-Christo-en-Jarez* (748 m), pour le *château d'Albuzy* (XVe-XVIIe). On ne visite pas.

— *Saint-Romain-en-Jarez*, via le col de l'Hôpital (832 m). Le chœur de l'église, roman, est tout ce qu'il reste d'un prieuré bénédictin relevant de l'Ile Barbe. Sur la place du village, une croix datée de 1604 porte sur son fût les statues de saint Roch et de saint Antoine.

— *Chagnon*, fief jadis de l'abbaye d'Ainay (Lyon) où les comtes du Forez érigèrent ensuite un donjon aujourd'hui disparu. L'*église Sainte-Julitte*, disparate, possède une façade du XIIe siècle, une nef du XVIIe et un clocher du XIXe. Mais on s'intéresse surtout ici aux *vestiges de l'aqueduc romain* qui amenait à Lyon les eaux du Pilat. Subsiste notamment l'entrée du siphon destiné à franchir le cours de la Durèze, connue sous l'appellation fantaisiste de « Cave du Curé » ! Un *pont du XIVe siècle* franchit ce ruisseau.

2. *Au sud de l'A. 47 ou de la N. 88.*

— *Saint-Paul-en-Jarez*, bourg jadis fortifié, héritier de quelques beaux restes et d'un puits du XVe siècle dans sa partie ancienne.

— *Sainte-Croix-en-Jarez*, village installé dans les bâtiments d'une Chartreuse fondée en l'an 1280 par Béatrix de la Tour, et vendue en 1793 comme bien national ! Le pire aurait pu alors être accompli, puis continué par le jeu dérisoire d'une urbanisation de style « petit-bourgeois »... Or il n'en fut rien (ou du moins presque rien), car la vision miraculeuse de Béatrix de Villars ne pouvait certes être travestie ! Cette femme pieuse, veuve de Guillaume de Roussillon (compagnon du roi Saint Louis tué sous Saint-Jean-d'Acre), vit en effet, depuis sa résidence de Châteauneuf (près Rive-de-Gier), une croix flamboyante qui lui indiquait une direction à prendre : celle où elle devait édifier son monastère. Ce qui fut fait.

La Chartreuse construite, Béatrix s'y retira et y mourut en odeur de sainteté dans un bâtiment particulier.

Reconstruite plus belle encore au XVIIe siècle grâce au zèle d'âmes généreuses animées elles aussi par la vision de la Croix, la Chartreuse conserve de sa haute époque une porte monumentale flanquée de deux tours rondes donnant accès à l'étrange bourgade.

On déchiffre d'abord les armes cartusiennes de la fameuse porte : « d'azur à la croix dentelée d'argent, cantonnée aux 1 et 4 d'une fleur de lis d'or, et, aux 2 et 3, d'une étoile d'or ». On flâne ensuite dans le village rustique, près de l'ancien cloître entouré de cellules monacales, avant d'entrer dans la chapelle primitive, et enfin dans l'église du XVIIe riche de boiseries et de stalles admirables, ainsi que d'un tableau de Mantegna représentant le martyre de saint Sébastien.

Le souvenir des Pères Chartreux est ici présent partout (ce monastère n'ayant jamais été occupé par des femmes, à la seule exception de Béatrix de la Tour), et concrétisé par la représentation de saint Bruno tenant une tête de mort au fronton d'une cellule.

L'ensemble quadrangulaire de cette Chartreuse

Sainte Croix-en-Jarez (Loire).

s'apprécie lorsqu'on prend de la hauteur. D'où la nécessité de grimper au hameau de Jurieux, avant de rejoindre le col de Pavézin (651 m).

— *Chuyer*, village où le chef protestant François de Châtillon gagna la bataille de « Virecul » sur les catholiques commandés par Mandelot (ceux-ci s'étant surtout signalés en montrant leurs fesses à l'ennemi). Voir une maison bizarre, du début du XVIIIe siècle, au fronton sinueux. L'auberge (paysanne) à l'enseigne « La Grandjasse » prépare de savoureuses spécialités rustiques le samedi et le dimanche, et l'on y boit un petit vin de pays.

— *Les gorges de Malleval*, très pittoresques, sauvages, commencent au village de *Saint-Pierre-de-Bœuf* (ou, plus précisément, selon l'orthographe primitive : de *Beu*, c'est-à-dire de *bois*). On s'enfonce dans ces gorges, dominées par les ruines du *château de Malleval* (d'où une pure jeune fille du village, poursuivie par un libidineux baron de Malleval, se jeta dans un gouffre perpétuant son nom : « le saut de Lorette »). On pendit ici beaucoup de braves gens, si bien que les petites fleurs d'un noir violacé croissant çà et là sont appelées « larmes de pendus ».

— *Lupé*, où le château du XVe siècle, propriété jadis de la famille Mayol de Lupé (dont un descendant fut aumônier de la Légion Antibolchevique), a appartenu à partir du XVIIIe aux religieuses de Saint-Joseph, puis a été vendu en 1972 à une dame désirant le transformer en clinique... En conclusion, il est fermé ! On y parle d'un fantôme désormais libéré de toute contrainte.

— *Saint-Julien-Molin-Molette*, où le proche « Menhir du Flat » tient la vedette.

— *Bourg-Argental*, où le *château d'Argental* (XVe s.) a perdu tout caractère du jour où il a été transformé en mairie. Ne pas confondre ce château fonctionnarisé avec les ruines que l'on aperçoit depuis la N. 82, en direction de Saint-Étienne (il s'agit ici de la forteresse féodale, berceau de la famille d'Argental, dont il ne reste que des pans de murs). A proximité, voir la *chapelle Saint-Georges* (XIIe s.), singularisée par un clocher à peigne à deux arcatures en plein cintre. Mais l'authentique curiosité se trouve au bourg même, dans le somptueux *portail du XIIe siècle, replacé en 1854 à l'entrée de la nouvelle église*. Ce chef-d'œuvre du style roman provençal est unique en son genre dans le département de la Loire. *Détail gourmand* : le 3e dimanche de mai se déroule à Bourg-Argental la « Journée de la Chèvre du Pilat ». Retenir sa table à l'hôtel de France (Auffan).

— *Saint-Sauveur-en-Rue*, siège d'un ancien prieuré bénédictin, où l'*église (*XIe s.*)* fut consacrée en l'an 1100 par Guy de Bourgogne, archevêque de Vienne (le futur pape Calixte II). Les chapelles latérales sont plus récentes (XVIe s.). Demander à voir une *croix en argent ciselé*, portant le Christ sur une face et la Vierge sur l'autre (cette croix, dont l'origine est mystérieuse, aurait été saisie à bord d'un bateau de pirates barbaresques, et offerte au prieuré par un habitant du pays ayant bourlingué sur les mers). Voir enfin des *maisons anciennes*, dont une est ornée d'une Pietà sculptée.

— *Saint-Genest-Malifaux*, centre climatique et touristique, où l'*église* du XVIe siècle a été remaniée au XIXe. La D. 501 conduit, au sud, au lieu-dit « le Sapt », où se trouve une *croix du XVIe* avec saint Antoine au croisillon. D'autre part, au *Sacré-Cœur du Guizay*, la vue est étonnante sur Saint-Étienne. Si l'on a un peu de temps devant soi, rechercher la *Pierre des Trois Évêques*, point de jonction, à l'époque romaine, entre la Lyonnaise, l'Aquitaine et la Narbonnaise, puis, au Moyen Age, entre les évêchés de Lyon, de Vienne et du Puy... On rejoint ensuite le *col de la République*, une des clés du massif du Pilat.

Nota : Nous avons voulu distinguer le Jarez *du massif du* Pilat*, mais il est évident que toutes les localités énumérées ci-dessus empiètent sur le* Pilat *(voir à ce mot) ou le côtoient.*

photos page ci-contre

La cathédrale du Puy par la rue des Tables

Le Puy : ville sainte, cité de l'étrange ▶

43 — LE PUY-EN-VELAY

Il serait présomptueux de tenter de refaire, après tant d'autres, l'histoire de cette cité à nulle autre pareille et si parfaitement fréquentée.

M. Jean Pestre, maître-d'œuvre au Puy, passionné par sa ville, vous en dira davantage. Consultez-le.

Notre ami R.-J. Pagès, qui contribua à nous la faire découvrir depuis son nid d'aigle du Pic Ronzade, nous fit d'ailleurs connaître qu'en 1977 l'Office du Tourisme y avait dénombré 400 000 passages...

C'est dire l'attirance, en progression constante, de cette ville d'art, de cette pépinière d'érudits, de ce lieu saint, de ce point de départ pour Saint-Jacques-de-Compostelle, au carrefour des routes du Moyen Age et des migrations saisonnières.

Nous nous contenterons donc, en ce bréviaire pratique, de tracer un itinéraire condensé des principales curiosités, sans omettre toutefois quelques commentaires moins orthodoxes à lire entre les lignes, conformément à notre formule.

L'œil se fixe ici d'abord sur la gigantesque *Vierge à l'Enfant* (Notre-Dame-de-France) juchée sur le rocher Corneille depuis 1860. Elle a été coulée dans le métal de 213 canons russes pris au siège de Sébastopol (110 tonnes de fonte et de fer), sur un modèle établi par Jean Bonassieux natif de Panissières (Loire). L'Enfant-Jésus se trouve sur le bras droit de Marie de façon à être en mesure de bénir la ville de sa main droite (position incommode pour la mère). Les dimensions de cette statue (16 m de hauteur pour le corps) permettent de grimper à l'intérieur, tout comme dans la « Liberté » du port de New York (dont la tête culmine à 36 m et le flambeau à 46). D'abord peinte en vert bronze, elle a fini par être peinte en rouge à la suite d'un référendum organisé par la municipalité (la ville constituant un écrin vert, il convenait évidemment que la Vierge se détache sous une couleur différente).

A l'issue de cette première impression, confortée au sommet de la statue par un panorama s'étendant jusqu'aux Cévennes, commence alors le marathon des touristes et des pèlerins non-stop...

1. *La cathédrale*, accessible par la *rue des Tables*, assez raide, où les dernières dentellières effectuent un baroud d'honneur. On gravit sans s'en douter la pente du *mont Anis*, berceau du Puy primitif (*Anicium*). Les Gaulois y vénéraient une pierre noire : la « pierre des fièvres », où l'on s'étendait en vue de se guérir de toutes les maladies... Mais au Ve siècle de notre ère, cette superstition persistante déplaisant à l'Église, celle-ci décida de construire là un sanctuaire à Marie. De sorte que la « pierre des fièvres » fut ravalée à un rang inférieur et sert maintenant de marchepied à l'autel de la Vierge Noire, devant la Porte Dorée...

La première Vierge Noire ayant mystérieusement disparu, le roi Saint Louis en rapporta une seconde de sa Croisade. Il devait s'agir d'une déesse égyptienne en cèdre noirci, aux yeux de verre rendant son regard insoutenable. Elle fut détruite sous la Révolution.

La Vierge Noire actuelle n'est donc qu'une copie. Or on peut se poser des questions à propos de toutes les Vierges Noires. Doit-on en l'occurrence se réfé-

A gauche,
le somptueux portail de l'église de Bourg-Argental (Loire), fait apparaître en premier plan des sculptures romanes du XIIᵉ siècle, admirablement conservées, tandis que l'église, ci-contre, reconstruite en 1854, ne paraît pas « mériter » un tel chef-d'œuvre à son entrée ! On doit tout de même souligner l'intelligence de ceux qui, au XIXᵉ siècle, ne sacrifièrent point tant de beauté et en firent bon usago...

rer au cri de la bien-aimée du Cantique des Cantiques : « Sum nigra, sed formosa » (je suis noire, mais je suis belle)? Toujours est-il que l'Église des origines a appliqué à Marie ces paroles qu'elle n'a jamais prononcées ! Une première « Vierge Noire » en entraîna par conséquent beaucoup d'autres... Quant aux Croisés, ils rapportèrent, parmi leurs

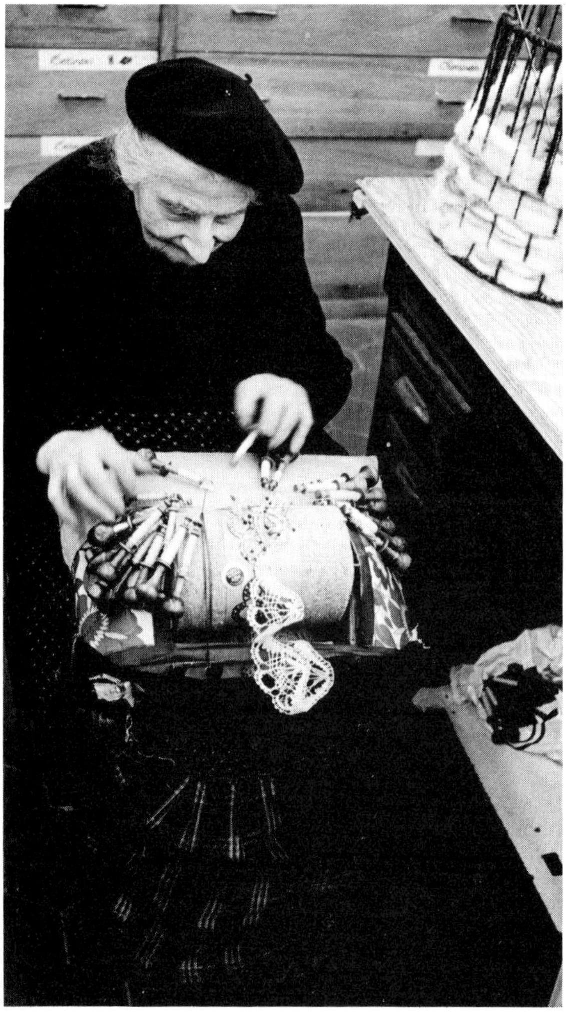

Il existe encore de vieilles dentellières près de la cathédrale du Puy...

prises de guerre, des statues qui n'avaient certes aucun point commun avec la Vierge ! Or, tout bien réfléchi, ne vaut-il pas mieux que la Vierge soit noire, plutôt que blonde aux yeux bleus comme on l'a mise à la mode dans l'iconographie saint-sulpicienne?

Bref, la cathédrale du Puy (XIe-XIIe siècles), de style roman, aux influences arabes et byzantines sous l'influence des Croisés, reçut au cours des siècles la visite de six papes, de douze rois, et voit toujours affluer des pèlerins du monde entier. Charlemagne y vint lui aussi, mais c'était avant la construction de l'édifice objet de notre vénération.

Les pèlerins partant pour Saint-Jacques-de-Compostelle s'y réunissaient, au même titre qu'à Vézelay, Saint-Martin-de-Tours ou Saint-Gilles-d'Arles... Ils s'agenouillaient sur l'escalier, devant la grande façade qui, éprouvée par des tremblements de terre, a été reconstruite en 1844 avec les pierres numérotées de l'ancienne.

A l'intérieur, des fresques du XIIe nous démontrent une fois de plus que saint Michel constitua le sujet préféré de la peinture romane française, et encourageait les pèlerins à affronter tous les dangers au nom de la Foi.

2. *Le trésor de la Cathédrale*, riche de reliques extraordinaires : le « soulier de la Vierge » (une babouche orientale, au demeurant, offerte par saint Martial) ; le « reliquaire de la Sainte Épine », épousant la forme d'un château fort de métal doré, contenant une épine de la couronne du Christ ; « un morceau de la vraie croix », don du pape Innocent VIII, inséré par l'évêque du Puy de l'époque dans sa croix pectorale ; une « Pietà » (peinture sur bois du XVe) ; et la « Bible de Théodulfe » (VIIIe), manuscrit carolingien, le « clou » du trésor... Théodulfe, évêque d'Orléans, confident de Charlemagne, grand lettré, fit composer cette bible de 347 feuillets, chef-d'œuvre de calligraphie et d'enluminures unique au monde, et l'offrit (ou la fit offrir) à l'évêque du Puy-Rorice II alors qu'il se sentait entouré de jaloux et de voleurs (il mourut en effet empoisonné).

3. *Le porche et la place du For (pour « forum »)*, du XIIe, attenant à la cathédrale (croisillon sud). Les princes de l'Église étaient accueillis sous ce porche s'ouvrant sur deux portes : l'une réservée aux papes (surmontée de l'inscription *scutari papa vive Deo* et murée après le passage des souverains pontifes), et l'autre aux prélats en visite. *Au bas du clocher*, dans une cour, un *puits miraculeux* (depuis

3 000 ans) se détache devant des bas-reliefs gallo-romains décorés d'animaux fabuleux soulignés par une inscription médiévale vantant les vertus curatives de la source. *De la place du For*, on jouit d'une belle vue sur la ville, on observe l'évêché, et rien n'empêche de se rendre au *baptistère Saint-Jean*, où s'effectuaient avant la Révolution tous les baptêmes des enfants nés au Puy-Sainte-Marie. Deux lions symboliques montent la garde devant la porte, car le roi des animaux passait alors pour avoir la propriété de ranimer de son souffle les enfants malades.

4. *Le cloître*, jouxtant la cathédrale, construit au XIIe siècle, restauré au XIXe, singularisé par de lourdes colonnes de pierre volcanique où l'influence mauresque a encore ici sa part. *Trois chapiteaux* ne manquent pas de saveur :

— un abbé et une moniale tentent de s'emparer d'une crosse épiscopale présentée par deux démons tentateurs (manifestation primitive du M.L.F., sans aucun doute),

— un centaure poursuit de ses galantes assiduités une centauresse effarouchée (éternelle présence du désir charnel, dont l'instinct bestial est mis ici en évidence),

— envol d'une âme vers le Ciel sous la protection aérienne d'un ange aux prises avec deux démons cherchant à s'emparer de son précieux fardeau (le Malin ne désarme pas, et la vigilance s'impose à tous les échelons de la hiérarchie).

Sur la corniche, les péchés capitaux poursuivent leur sarabande : la luxure (homme nu qu'un chien chasse de la compagnie des justes) ; la gourmandise (moine caressant un porc) ; etc. Dans la galerie orientale du cloître, s'ouvre la *chapelle des morts*, lieu d'inhumation des chanoines de la cathédrale, où l'on admire la fresque de la crucifixion (XIIe). Et, galerie nord, on pénètre dans le *Musée d'art religieux*.

5. *La chapelle des Pénitents* (XVIe), à la sortie du cloître, occupe l'ancien hôtel de la famille *d'Allègre*. Les Pénitents Blancs s'y réunissaient jadis (à ce propos, de mauvaises langues prétendent que des bourgeois licencieux ont naguère profité de l'anonymat de leurs cagoules pour aller voir les filles de joie).

6. *La vieille ville*, où de *nombreuses maisons anciennes* méritent que l'on s'y arrête... Les « Ponots » (habitants du Puy) en sont légitimement fiers...

— *l'Hôtel des Polignac* (XVIIe), rue du Cardinal de Polignac (qui servit de préfecture jusqu'en 1825).

Un des macarons de la « Maison des Cornards », rue Chamarlenc, au Puy.

— *le Logis de la Pomme*, type de l'hostellerie médiévale ponote, rue des Farges, où séjournèrent des rois.

— *Maison du XVe*, place des Tables (à l'angle de la rue des Farges).

— *Rue et tour Pannessac* (vestige d'une porte fortifiée).

— *le portail de l'Hôtel-Dieu*, ancien hôpital des pèlerins, où deux chapiteaux illustrent la charité (distribution des pains aux pauvres voyageurs et hébergement dans un lit réservé aux malades).

— la *Maison des Cornards* (XVIIᵉ), 16, rue Chamarlenc, où apparaissent deux masques de personnages encornés, l'un paraissant maussade, et l'autre hilare (les fruits de l'abondance au milieu du front). « Ah ! que les cornes vont bien sur un front comme le mien », lit-on sur cette glorieuse façade, siège de la « Confrérie des Cornards » aux heures où le rire était encore le propre de l'homme. Le Grand Maître de la Confrérie portait une épingle à la tête cornue sur son chapeau, et les réunions, gaillardes, se déroulaient à l'exclusion de toute intervention féminine. En 1963, quelques notables éclairés, amis de l'humour, tentèrent de reconstituer cette docte compagnie, dont l'origine remonte au XIVᵉ siècle, mais ils ne furent pas encouragés par leurs vertueuses épouses et l'affaire tourna court. C'est grand dommage.

7. Le *Dyke d'Aiguilhe,* cône volcanique vertigineux transformé en rocher cylindrique sous l'effet de l'érosion. Au sommet de ce pain de sucre de 88 m, auquel on accède par un escalier de 268 marches taillées dans le roc, on a construit la *chapelle Saint-Michel* (XIIᵉ), d'inspiration orientale, dont le clocher (XIIIᵉ) ressemble à un minaret. De ce belvédère incroyable on domine la vallée de la Borne et toute la région du Puy.

8. Le *Musée Crozatier,* Jardin Vinay (au sud de la place du Breuil) d'une très grande richesse (portant le nom de son fondateur, un fondeur originaire du Puy). Les collections de ce musée, sans cesse augmentées, commencent à la préhistoire et se poursuivent jusqu'à l'époque contemporaine, en passant par de remarquables modèles réduits de mécanique, sans oublier l'art de la dentelle que ressuscite actuellement le conservatoire de Mme Mick Fouriscot. Et pour en savoir plus sur la dentelle, consulter d'autre part le livre de Jean Arsac, très complet sur la question.

A visiter près du Puy : la statue colossale de saint Joseph (en ciment armé) sur le *rocher d'Espaly,* route de Saint-Flour. Cette statue, flanquée d'une basilique fort laide, a pris la place d'un château du XIIᵉ détruit par les Ligueurs du Velay en 1590. A proximité, les *Orgues d'Espaly,* proches de la route de Saint-Paulien, ne sont autres que des coulées de lave ayant subi une singulière contraction en se refroidissant sur une grande épaisseur à l'époque quaternaire. — *Le Belvédère de l'Hermitage,* sur la route de Saint-Paulien, d'où la vue plonge sur Le Puy, et d'où l'on gagne la table basaltique coiffée aujourd'hui par le *château de Polignac* (XIIIᵉ), là même où les Romains avaient édifié un temple à Apollon (où l'empereur Claude vint consulter l'oracle en l'an 47). Le château est en ruine, et seul le donjon (XIVᵉ) se profile sur l'horizon (petit musée à l'intérieur). Dans le village, l'*église romane* possède un vitrail moderne à la gloire de trois preux de la famille Polignac. — *Bilhac,* modeste village dominé par le donjon de Polignac, où l'Association des Artisans d'Art a élu domicile dans une maison forte du XVIIᵉ. On y enseigne le travail de la pierre, la forge, la vannerie, l'impression sur tissu, la dentelle au carreau, la poterie, la photographie et le tissage de la laine. Les jeunes peuvent y effectuer des stages. — *Saint-Vidal,* à l'ouest, pour la forteresse du baron de Saint-Vidal. — *Coubon,* au sud, où le *château de la Tour Daniel* possède une façade Renaissance dont les pierres sont sculptées en forme de boules et de têtes de clous. A l'intérieur, deux extraordinaires cheminées sculptées, retraçant des scènes de la vie de Jésus, sont sans doute l'œuvre d'artistes espagnols du XVᵉ (visites possibles l'été, mardi et jeudi après-midi). — *Arsac,* pour les grottes préhistoriques de Conche. — *Saint-Germain-Laprade,* à l'est, pour les chapiteaux du XIIᵉ du chœur de l'église, un Christ en bois polychrome et les ruines du château de Servissac d'où le panorama justifie un effort. — *Lavoûte-sur-Loire* (voir l'article consacré aux gorges et cités sur le cours supérieur de la *Loire*). — Enfin, si l'on a un peu de temps, pousser jusqu'à *Saint-Rémy,* à l'ouest, où la merveilleuse église romane est un enchantement pour l'œil.

42-43 — LOIRE (Gorges et cités sur le cours de la)

1. *Gorges de la Loire (cours supérieur du fleuve).* La Loire pénètre en Haute-Loire à 26 km de sa source, à proximité du village de Lafarre, et son cours torrentueux se situe au sein d'escarpements basaltiques. Ce sont là les premières gorges.

Après Le Puy, au pied des *rochers de Peyredeyre,* commencent les gorges de ce nom, entre Peyredeyre et *Lavoûte-sur-Loire,* suivies par celles délimitées entre *Vorey* et *Chamalières-sur-Loire.*

Enfin, avant l'entrée dans le département de la Loire, entre *Mayol* et *Aurec-sur-Loire,* la D. 46 (sur la rive gauche) et la D. 47 (sur la rive droite) enserrent des gorges précédant l'élargissement du fleuve annoncé par le barrage de Grangent.

Hauts lieux d'intérêt touristique (en descendant la Loire) : *Arlempdes,* pour les *ruines d'un château considérable* (consolidées par des coulées de béton), l'*église romane* et la croix à personnages du XVᵉ siècle. Depuis la D. 500, la D. 54, aux Arcis, y conduit. Le site peut être considéré comme un des plus étonnants de la Haute-Loire. La porte de basalte du village date de l'an 1066, et l'on se plaît à rêver ici au marquis d'Arlandes (qui avait trouvé l'orthographe primitive de son fief trop compliquée), bien connu pour avoir survolé Paris en montgolfière en 1786 en compagnie de Pilâtre de Rozier. Il passait de surcroît pour avoir inventé le parachute ! Des auteurs sérieux ont fait naître Diane de Poitiers, maîtresse du roi Henri II, au château d'Arlempdes, alors qu'elle est née à Étoile (Drôme) en 1499.

Retour aux *Arcis* (rive gauche), et poursuivre par la D. 500 et la D. 37 jusqu'à *Goudet* (rive droite). Entre Salettes et Espinasse les gorges sont une merveille, mais un peu de marche à pied s'avère nécessaire pour en jouir pleinement.

De Goudet, franchir le pont d'où l'on contemple un rocher monstrueux au milieu des eaux. Revenir sur la rive gauche, et atteindre *Ussel* par la D. 49. La route s'élève en ménageant des points sublimes sur les gorges.

Profiter de la proximité des ruines romantiques du *château de Beaufort,* sur un tertre, pour une pensée dépourvue de tendresse à Antoine de la Tour, baron de Saint-Vidal, chef catholique sans pitié dont les atrocités ont répondu à celles du baron des Adrets durant les guerres de Religion... Cette citadelle fut le témoin de maintes horreurs.

Depuis Ussel, la D. 54 s'éloigne momentanément de la Loire, mais conduit à *Le Brignon,* un village rustique, dont l'église au clocher arcaturé pour quatre cloches, marie le Velay au Vivarais. Un délicieux sentier permet de se rendre à la *cascade de la Baume,* à la retombée du plateau du Devès, où l'on assiste à la chute des eaux d'un affluent de la Loire depuis une hauteur de trente mètres. C'est le « Niagara des Ponots », à nul autre pareil en Haute-Loire.

Encore 5 km par la D. 54, et voici *Solignac-sur-Loire,* ce nid d'aigle dominant la Loire de 150 mètres, où l'église du XIIe siècle comprend une niche funéraire dans le mur sud. Petite plage au pont de Chadron, et ruines d'un château gothique.

En route pour Le Puy, on passe à *Cussac-sur-Loire,* célèbre pour l'abbaye de Saint-Blaise, et l'on franchit bientôt le 45e parallèle, frontière idéale entre le Nord et le Midi ! Puis c'est la *Pépinière de Taulhac* et son belvédère.

On dirait que la Loire ne peut se décider à gagner Le Puy ! Elle effectue un coude la conduisant à *Coubon,* où les pêcheurs s'en donnent à cœur joie, et se retrouve, après le chef-lieu du département (*voir l'article consacré à la ville du Puy*), dans les *gorges de Peyredeyre.* La D. 103 épouse les méandres du fleuve, et facilite une halte à *Lavoûte-sur-Loire.*

Le château de *Lavoûte-Polignac,* sur son rocher surplombant la Loire, est un manoir de plaisance des Polignac (à ne pas confondre avec la forteresse de la même famille). Il doit son nom à « la voûte » (la boucle) de la Loire où il s'insère. La Loire virevolte effectivement en ce lieu. Les visites de ce château du XVIIIe, restauré au XIXe siècle, sont possibles tous les jours de Pâques à la Toussaint. Voir aussi l'église romane du village (Christ en bois du XIIIe siècle).

En direction de Vorey, le *château de Margeaix* se pointe sur la rive droite.

A *Vorey-sur-Arzon,* village traversé par la D. 103, la Loire virevolte une fois de plus. Ici naquirent Philibert Besson, le député fantaisiste du milieu des années 30, dont la France entière fit des gorges chaudes, et l'aimable Lucien Chapat, le très actuel directeur de l'hôtel Sofitel de Lyon.

Mais à propos de gorges, sachez que l'arrivée à *Chamalières-sur-Loire* ne manque pas de punch... On s'extasie en outre devant l'église romane du XIIe siècle, l'une des plus caractéristiques du département de la Haute-Loire avec celle de Brioude. L'ensemble architectural est d'une majesté impressionnante. Le portail en plein cintre, ainsi que l'ordonnance du chevet aux sept pans décorés d'arcades appuyées sur des colonnettes, sont un objet d'admiration. A l'intérieur, un bénitier du XIe siècle est supporté par les statues des prophètes David, Salomon, Daniel et Isaïe. On parle aussi d'un miraculeux clou (?) de la Sainte-Croix, susceptible de rendre la vue aux aveugles, dont un évêque du Puy revendiqua jadis la propriété, et qu'il conviendrait de reintégrer à Chamalières (à ne pas confondre avec la cité homonyme du Puy-de-Dôme).

La faille séparant les monts Miaune et Gerbizon va alors en s'élargissant, et la Loire se rassérène un instant à *Retournac-sur-Loire.* L'église romane, les grottes préhistoriques de Cottier, et les proches ruines du château féodal, assises sur les coulées basaltiques du suc d'Artias (hanté par Blanche de Castille?), confèrent une intéressante personnalité à cette commune. Sentiers pédestres balisés.

Par la D. 9 et la D. 46 on cingle ensuite sur *Beauzac* (église romane recouvrant une formidable crypte, maisons construites sur les remparts, vestiges d'un château féodal).

De Beauzac, se rendre par la D. 461 à *Pont-de-Lignon.* En route, observer les ruines du *prieuré de Confolent,* sur un à-pic, et entreprendre la visite des *gorges du Lignon,* affluent de la rive droite de la Loire.

Monistrol-sur-Loire, maintenant, par la N. 88. Les évêques du Puy possédaient là une résidence princière que la société de consommation a transformée démocratiquement. De la terrasse de ce *château* construit en 1475 par Mgr Jean de Bourbon, on profite d'une vue agréable sur les gorges de Bilhard et la cascade du Folletier. L'*église Saint-Marcellin,* romane, a été en partie reconstruite au XVIIIe siècle.

Monistrol ne se trouvant pas sur la Loire (contrairement à ce que son nom précise pourtant), rétablissons l'équilibre autour du fleuve par la visite de *Bas-en-Basset* (rive gauche), où l'attraction principale, en marge de la plage, consiste dans le *château de Rochebaron.*

Les « Amis de Rochebaron » se sont attachés, depuis 1972, à arracher ce monument à la ruine définitive. Il était temps ! Deux tours subsistent, et gardent suffisamment d'allure pour témoigner de l'architecture militaire du XIIIe siècle. Trois enceintes protégeaient cette forteresse, mise à sac au début du XVe siècle après un siège terrible ! Le seigneur de Rochebaron avait en effet pris le parti des « Bourguignons », ce qui ne lui valut que des ennuis. Pour comble, Richelieu, au XVIIe siècle, ordonna le démantèlement de cette place forte remise en état tant bien que mal après le désastre que nous savons. Au cimetière de Bas-en-Basset, voir la croix de Saint-Roch (XVIe siècle), caractérisée par la présence d'un ange gardien accompagné de son chien (de garde).

La D. 46 va permettre enfin, via la bretelle de *Mayol,* l'accès sportif aux gorges d'*Aurec-sur-Loire.* Mais si l'on est moins ardent, revenir à Monestier-sur-Loire pour emprunter la D. 47 (rive droite). Ces gorges de la Loire sont les dernières du département de la Haute-Loire (*voir l'article consacré à Firminy*).

De toute façon, on ne perd pas son temps à Aurec, cité plus forézienne que vellave, n'en déplaise aux fantaisies des découpages départementaux, où le château des Chevaliers de Malte et la Tour des Bourguignons ne sont pas à négliger.

D'Aurec (Haute-Loire) à *Rozier-Côtes-d'Aurec* (Loire), il n'y a que quelques kilomètres. L'église (XIe s.) y est appréciée des spécialistes pour ses chapiteaux inspirés par la mythologie celtique (ce qui est absolument exceptionnel). Le clergé qualifie volontiers ces sculptures de « bizarres », n'admettant que difficilement que l'artiste se soit en l'occurrence employé à célébrer des divinités païennes par défi au christianisme ! Le dieu gaulois Cernunos a été identifié. Admirer encore « l'Adoration des Mages » au tympan du portail, d'une incroyable intensité naïve.

2. *Gorges de la Loire (en Roannais).*

Ces gorges spectaculaires, trop méconnues au-delà de la région, valent bien sous certains angles le Grand Canyon du Colorado, et méritent d'être prospectées sans hâte de Balbigny à Villerest.

Il s'agit d'ailleurs des dernières du département de la Loire depuis la création du barrage de Grangent (*voir à Firminy*), fort séduisant sous un autre front.

Depuis le mont Gerbier-de-Jonc (1 551 m) où la Loire prend sa source, en Ardèche, le fleuve, sur environ 225 km (de sa source à Roanne), connaît une dénivellation de 1 280 m ! De sorte que son cours ne s'apaise qu'à Roanne, où il lui reste à franchir 800 km pour rejoindre l'océan sur une pente de 270 m seulement.

La sortie de la Loire de la plaine du Forez, après Balbigny, s'effectue donc, en raison du relief, dans des conditions accidentées, sur une trentaine de kilomètres, avant l'arrivée à Roanne...

Or nous allons pour la circonstance « remonter » la Loire, depuis *Villerest,* par la D. 56, étroite et souvent difficile, néanmoins praticable par les automobilistes prudents. Près de Villerest, les hommes préhistoriques ont laissé des traces de leur séjour (des pierres vitrifiées, notamment, visibles au Musée Déchelette à Roanne).

Le *Saut du Perron,* tout d'abord, retient l'attention en raison de la fureur des eaux contrariées par de splendides roches de porphyre, puis il convient d'abandonner un moment la D. 56 riveraine, pour grimper à *Saint-Maurice-sur-Loire* d'où l'on domine la situation.

Le panorama que l'on embrasse alors laisse pantois : ruines d'un château du XIIe siècle, piles d'un pont abandonné sur le fleuve, et vieux village où il fait bon flâner jusqu'à l'église romane où des peintures murales rapportent la légende de saint Nicolas et des trois pucelles, les pièges du Paradis Terrestre en compagnie d'Adam et Ève, et les martyres de saint Maurice et de saint Exupère. Ces fresques du XIIIe s. ont été découvertes en 1913 sous un revêtement misérable.

De retour à la D. 56, au *Pont-de-Presles,* la route transite sur la rive droite et permet d'aller s'abreuver à une source d'eau minérale bicarbonatée.

L'aventure se poursuit, toujours sur la rive droite ,

pour un regard surpris sur le *château de la Roche*, fiché sur la rive gauche, dans le style Dysneyland... Singulière construction dont on décèle bien vite la supercherie médiévale conçue au début du XXe siècle. Un restaurant vous y attend au tournant.

L'étranglement des murailles du *Saut de Pinay* tire son nom du village proche, sans intérêt, alors que *Saint-Paul-de-Vézelin*, sur la rive gauche, retient davantage l'attention pour son vieux château (authentique, celui-ci). La *Digue de Pinay*, *Saint-Georges-de-Baroilles*, et la D. 56 s'achève sur la N. 82, à la hauteur de *Balbigny*. Quel inoubliable parcours !

42 — MADELEINE (Mont et pays de la)

I. *Zone nord de la Madeleine.*

Pourquoi ce nom inspiré par la pécheresse repentie? On ne sait trop... Mais si l'on en juge par le nombre des croix jalonnant les routes franchissant les chemins montagneux depuis *Saint-Polgues* et *Crémeaux*, on peut imaginer que les pèlerins de Saint-Jacques-de-Compostelle, transitant par ici en direction de l'ouest ou du nord, avaient maintes occasions de se faire pardonner et d'obtenir des indulgences !

— *Saint-Polgues*, où les ruines d'un château (XIIIe s.) et une croix (XVIe) méritent un regard (le soleil et la lune figurant sur la croix, autour du Christ, représentent un idéogramme signifiant que, du lever du jour au coucher du soleil, une longue marche attendait les pèlerins sur un itinéraire connu des initiés de l'époque).

— *Crémeaux*, village littéralement serti de croix, dont une aux abords de *Prory* représente saint Roch (toujours bienveillant pour les pèlerins) et sainte Madeleine (protectrice des affligés). Dans la forêt de Crémeaux, un point culmine à 903 m, à l'ouest de la verte vallée de l'Isable, là où le *Moulin de la Roue* renferme un petit musée du folklore (chaque vendredi soir, du 1er mai au 30 septembre, des veillées au coin du feu s'organisent en ce sympathique moulin devant une soupe aux choux et un civet de lapin grand-mère).

— *Saint-Just-en-Chevalet*, cité touristique, où le proche *château féodal de Contenson* est entouré d'un vaste parc. Quelques vieilles maisons et l'église (XIVe s.) ajoutent de l'intérêt à cette commune appréciée surtout par les estivants pour son environnement plein d'attraits et ses cours d'eau poissonneux.

— *Saint-Priest-la-Prugne*, centre d'exploration de minerai d'uranium, dans les Bois Noirs. Une église romane restaurée ne comble certes pas ici les amateurs d'art, mais le *roc Saint-Vincent* (932 m) et sa table d'orientation, de même que l'ascension du *Puy de Montoncel* (1 282 m), à la frontière du département du Puy-de-Dôme, suppléent à d'autres félicités. Le *col Saint-Thomas* (voir l'article consacré à l'*Auberge* du col Saint-Thomas) conduit en Auvergne. On côtoie la *source Charrier* à l'occasion d'une excursion dans le *Bois de l'Assise*, puis voici le *Rocher de Rochefort* (1 076 m), l'un des « clous » de la Madeleine, en prélude aux *gorges du Désert* conduisant jusqu'à *Saint-Alban-les-Eaux*, loin des Bois Noirs, à l'est des monts de la Madeleine.

— *La Loge des Gardes*, station de ski (4 pistes, 5 téléskis) et de tourisme.

— *Saint-Alban-les-Eaux*, ex-petite station thermale, berceau de la gazothérapie depuis 1834, où l'on soignait les insuffisances surrénales et l'hypertension. Les sources sont simplement exploitées comme eaux de table.

— *Saint-André-d'Apchon* (voir l'article consacré à *Roanne*).

— *Saint-Haon-le-Châtel* (voir l'article consacré à ce bourg fortifié).

— *La Croix-du-Sud*, village-belvédère, carrefour routier, d'où l'on peut se rendre aussi bien à *Châtel-Montagne* (Allier) qu'à *La Pacaudière* (consulter l'article consacré à cette commune) et à *Roanne*, via Saint-Germain-Lespinasse ou Renaison.

En ce qui concerne un éventuel retour à Roanne, suivre de préférence la pittoresque D. 41, jouxtant le *barrage de la Tache* (barrage du XIXe, servant à l'adduction d'eau de Roanne, impressionnant malgré son âge du haut de ses 51 m).

II. Zone sud de la Madeleine.

Au sud de Saint-Just-en-Chevalet, Crémeaux et Saint-Polgues, la montagne connaît des cimes moins élevées, tout au moins jusqu'à la N. 89 (reliant Noirétable à Boën-sur-Lignon, et démarquant en l'occurrence les monts de la Madeleine des monts du Forez, là où se situent les cités couzanaises étudiées d'autre part).

— *Champoly*, au pied des « Cornes d'Urfé ». Les *ruines du château primitif de la famille d'Urfé*, semblables de loin à des « cornes », culminent à 936 m et sont accessibles à pied depuis Champoly

Rozier-Côtes-d'Aurec (Loire). L'Adoration des Mages au tympan de l'église (le chef-d'œuvre roman de l'église).

(730 m). Les seigneurs d'Urfé, avant de connaître la dolce vita (se référer à l'article consacré à *l'Astrée* et à l'illustre château de la Bastie d'Urfé), s'installèrent en ce nid d'aigle au XIIe siècle. Jusqu'au jour où leurs descendants, trouvant la montagne trop « terrible », préférèrent la plaine ! Honoré d'Urfé, par exemple, n'évoque jamais dans son fameux roman de 5 000 pages la farouche demeure de ses aïeux, se contentant d'évoluer sur les tendres bords du Lignon... Pourtant, dans l'église de Champoly, une statue de sainte Catherine aurait les traits d'une fille d'Urfé des âges rudes.

— *Grézolles*, où la mairie s'enorgueillit de posséder l'édition complète de *l'Astrée*, le « best-seller Renaissance » d'Honoré d'Urfé.

— *Saint-Martin-la-Sauveté*, pour sa croix (XVIe s.), en direction de Saint-Marcel-d'Urfé, sur le fût de laquelle saint Jacques de Compostelle nous rappelle qu'il est ici omniprésent.

— *Cervières*, site classé, haut lieu archéologique, où l'église (XVe et XVIIe s.), de vieilles maisons et les restes d'une enceinte fortifiée attestent de l'importance ancienne. Beau panorama.

— *Noirétable* (725 m), centre de passage et de villégiature, où un « *baiser de paix* » en ivoire, dans l'église (XVe et XVIe s.), mériterait de fréquentes méditations de la part des chefs d'État... Entre Cervières et Noirétable, une *pierre branlante* a résisté à nos efforts !

43 — MARGERIDE (Montagne de la)

Ce massif granitique culmine au Signal de Randon (1 554 m dans la Lozère). Il sépare sur une certaine portion, à l'ouest, la Haute-Loire des départements du Cantal et de la Lozère, entre le mont Mouchet et Chanaleilles.

Le sommet le plus élevé, en Haute-Loire, est le *mont Mouchet* (1 465 m), au nord du massif. En ce haut lieu de la résistance auvergnate il s'est passé un sinistre drame... Le 6 juin 1944, en effet, sur des ordres mal interprétés venus de Londres, le « colonel Gaspard » (Émile Coulaudon) décréta la mobilisation de tous les hommes disponibles, paysans et maquisards... Des combats favorables au maquis avaient eu lieu, et l'on pouvait penser que l'heure H était arrivée ! Hélas, c'était encore trop tôt pour une offensive massive des F.F.I., car les Allemands envoyèrent de puissants renforts. Il s'ensuivit divers massacres, et les maquis furent contraints de se reformer sur de nouvelles bases. Les villages de *Pinols* et de *Clavières* furent brûlés par les S.S. En souvenir, on a érigé un Monument National aux Maquis (le seul du genre en France), face aux ruines de la maison forestière du mont Mouchet, quartier général de la Résistance auvergnate. Un rassemblement s'y tient tous les ans, le dimanche suivant le 20 juin, jour noir entre tous.

Grèzes, au sud du mont Mouchet, n'a pas connu de telles horreurs, mais s'enorgueillit d'un étrange château dans la montagne de la Margeride : le *château de la Clauze* (XIIIe), dont il subsiste un donjon octogonal, véritable curiosité sur le plan architectural. D'autre part, la situation de ce donjon de granit, bâti sur un rocher en forme de boule, ajoute à l'insolite du décor (visites libres). S'agirait-il d'une tradition phallique celtique reprise au Moyen Age?

A *Tailhac*, au nord-est du mont Mouchet, un dolmen passe pour être souvent visité par des fées lumineuses ! Il est vrai qu'il existe à proximité des gisements de spath-fluor...

Saugues, enfin, village natal de Robert Sabatier, de l'Académie Goncourt. En cette ancienne capitale du Gévaudan, a été tuée « l'horrible bête » (septembre 1765). Les Pénitents Blancs (aussi importants qu'au Puy) se réunissent le Jeudi Saint en leur chapelle. Voir aussi la Collégiale Saint-Médard, un donjon du XIIe, la Vierge du Gévaudan et la tour des Anglais. A proximité, promenade agréable à la cascade du Luchadou.

Détails bizarres : on a trouvé des moules perlières dans un ruisseau, et un gîte de bouleaux nains de la toundra s'est acclimaté ici (fait unique en Europe occidentale). Les amateurs de morilles seront en outre comblés.

43 — MEYGAL (Massif du) et ses abords

Ce massif culmine à 1 436 m, à l'est du département. Les « sucs » volcaniques le hérissent et la forêt est abondante (ce qui distingue cette étrange montagne du plateau dénudé du Mézenc ardéchois). Jules Romains, natif de *Saint-Julien-Chapteuil*, a chanté cette haute terre où le tourisme musclé connaît des heures enchanteresses et des escalades paisibles...

L'immortel auteur des *Copains* a écrit à ce propos : « Je suis devenu très difficile à étonner. Mais il y a au moins trois endroits de notre sol où j'éprouve à chaque fois le même ravissement : la descente de l'Ermitage sur Le Puy, le plateau du Mézenc entre les Estables et Saint-Front, et la découverte de l'horizon de Saint-Julien-Chapteuil quand on vient de faire la montée de Noustoulet. Ces sites sont extraordinaires. Je le déclare non comme poète du Velay, mais comme voyageur de l'Europe. »

On ne saurait mieux dire ! Ce qui n'empêche qu'à Saint-Julien-Chapteuil on s'étonne en outre devant les ruines du château de Chapteuil, l'église du bourg aux chapiteaux décorés de motifs orientaux et alchimiques, quelques vieilles croix, et, alentour, le suc de Monac, impressionnant.

A l'est du Meygal, sur les marches du Vivarais.

— *Fay-sur-Lignon.* A propos de Lignon, il faut noter qu'il existe deux rivières distinctes portant ce nom en Forez-Velay ! La vedette est tenue par le Lignon de « l'Astrée », célébré par Honoré d'Urfé. Rivière forézienne à part entière, celle-ci se jette dans la Loire (rive gauche) en aval de Feurs, tandis que le Lignon retenant pour l'heure notre attention, vivarois et surtout vellave, prend sa source à la Croix-de-Peccata (1 564 m), vers le sommet du Mézenc, et baigne non seulement Fay-sur-Lignon, mais encore Chambon-sur-Lignon, Tence, etc., pour se jeter dans la Loire (rive droite) en amont de Monistrol-sur-Loire par le truchement de gorges spectaculaires (voir l'article consacré aux gorges du cours supérieur de la *Loire*).

A Fay-sur-Lignon (1 180 m), dit jadis « Fay-le-Froid », le mystère côtoie les réalisations modernes : plan d'eau, proche village de vacances, Maison Artisanale, etc. Méditer devant le dyke phonolithique coiffé d'une croix (illustration d'un sol qui se délite, générateur des « lauzes » des toitures et autres pierres utiles à la construction), les ruines du château (XVe s.), et le chœur de l'église (vestige d'une chapelle romane). Tout paraît transparent, et pourtant ce tonique village isolé a ses secrets... N'oublions pas qu'il fut naguère un des refuges des Camisards, et que des sectes très strictes continuent à prêcher dans la région une rude foi protestante. A 8 km, par la D. 500, on atteint *Mazet-Saint-Voy*, siège de ces sectes de « Darbistes » et d'« Exclusifs ». Les Darbistes sont d'un commerce assez facile, mais les Exclusifs ne désirent avoir aucun contact avec les « impurs » ! Ils demeurent bouche cousue devant les intrus, ne se marient qu'entre eux et ne se complaisent qu'entre initiés. Ils n'écoutent pas la radio et méprisent la télévision ! Pour en savoir davantage sur eux, il est nécessaire de s'adresser à des « Exclus », plus ouverts (c'est-à-dire à d'anciens Exclusifs *exclus* de la secte, et eux-mêmes constitués en une secte particulière, moins sévère). N'exagérons rien, toutefois, car ce village fut dans son ensemble accueillant pour les Juifs et les réfractaires durant l'occupation nazie. Lieu prédestiné, d'autre part, pour son air pur et son micro-climat, où existent de sympathiques restaurants (déguster entre autres une délicieuse fourme locale : « le Mazetou »).

A l'ouest de Fay-sur-Lignon, ne pas manquer l'excursion au *lac de Saint-Front*, curieux lac de cratère, type parfait du lac volcanique vierge de toute pollution. Pousser alors jusqu'aux chaumières de *Moudeyres* et à la bonne auberge du « Pré Bossu ». Un petit musée du folklore a été installé à Moudeyres en 1978.

En remontant sur Fay, se rendre à *Chaudeyrolles*, au pied du mont Signon, où Jules Vallès passait ses vacances chez son oncle, curé de ce village escarpé.

— *Le Chambon-sur-Lignon* (1 000 m d'altitude). Station touristique et climatique très bien équipée, jouissant d'une réputation justifiée. On y passe des vacances heureuses, à proximité des moyennes gorges du Lignon, de la forêt du Meygal et du Pic du Lizieux (table d'orientation). L'hiver on pratique le ski de fond dans l'environnement immédiat. Se mettre en contact en ce haut lieu avec le centre européen de recherche sur les O.V.N.I. (association non subventionnée).

— *Tence.* Encore une station idéale de vacances d'été et d'hiver. Voir l'église (XVIIe s.) réputée pour ses boiseries du XVIIIe, le château de la Brosse (XVe-XVIIe s.) et le *barrage de Lavalette*. Bonnes tables, de surcroît, en ce paradis des loisirs sportifs où l'on réussit peut-être le mieux la « crique » de pommes de terres, si roborative après l'effort.

42 — MONTBRISON

Construite au XIe siècle autour du château du comte Géraud de Forez, cette cité embryonnaire prit peu à peu de l'importance. Malheureusement elle fut pillée et brûlée à diverses reprises. D'abord par les Anglais, sous la guerre de Cent Ans, puis par les Protestants en 1562... Jusqu'au bandit Mandrin qui l'investit (pour rire) et fit main basse sur la caisse du receveur des gabelles (à la grande joie des habitants).

De sorte que, les remparts ne s'étant pas révélés très efficaces, leur souvenir ne subsiste que dans le tracé du boulevard de ceinture.

Alors que François Ier résidait à Lyon en 1536, il jugea bon de se manifester à Montbrison, capitale de ce Forez qui lui était échu grâce aux intrigues de sa mère Louise de Savoie.

Ce fief du connétable de Bourbon, confisqué après sa « trahison », aurait dû être restitué à ses héritiers après le traité de Madrid (1526), conséquence de la défaite de Pavie.

Or le connétable étant mort sans enfant, ses biens furent annexés à la couronne (à l'exception de la Dombes) à l'issue d'une procédure complexe engagée par la reine mère (que les scrupules n'étouffaient pas).

Les choses étant ce qu'elles sont, François Ier se fit précéder à Montbrison par Claude d'Urfé, bailli du Forez, et son entrée dans la ville, le 25 avril 1536, ne fut point décevante.

On lui fit même fête, et une sculpture portant les trois fleurs de lis et la salamandre royales, datant de cette époque, jadis scellée dans une maison du cloître Notre-Dame, a été récupérée et déposée au Musée de la Diana.

Cette *Salle de la Diana* (fermée le lundi) mérite une visite. Il s'agit d'un bâtiment curieux, construit spécialement pour le mariage, en 1296, du comte de Forez, Jean Ier, et d'Alix de Viennois. Salle de banquet à l'origine, restaurée au XIXe siècle par Viollet-le-Duc, elle est caractérisée par un plafond-voûte décoré de nombreux caissons armoriés. Les prêtres du *Doyenné* (Decanatus, ou Decania) ayant pris l'habitude de s'y réunir, le nom de *Diana* finit par lui être attribué par le jeu d'une déformation phonétique.

En ce siège d'une académie savante locale, on accède à une galerie d'intéressantes collections lapidaires.

D'autre part, s'il ne reste rien du château, jadis fiché sur le mamelon constituant le centre de l'agglomération (*Montis Brisonis*), la *Collégiale Notre-Dame-d'Espérance* (XIe-XIIIe siècles) est toujours là. La Vierge à l'Enfant du tympan (XIVe siècle) tempère l'austérité de l'ensemble.

Ne pas oublier le *Musée de la Poupée* (ouvert tous les jours en été), « clou » du *Musée Allard*, jouxtant le beau jardin public où trône la statue de Victor de Laprade.

A propos de ce poète académique, Sainte-Beuve, qui avait la dent dure, s'exprimait de la sorte : « Il possède le fleuve de l'expression, mais il devrait en resserrer les rives pour précipiter le courant. »

Le Musée Allard fut fondé par Jean-Baptiste d'Allard, ancien officier de cavalerie de la Maison Militaire de Louis XVI. Retiré à Montbrison en 1812, il se fit bâtir un bel hôtel entouré d'un jardin à la française (propriété de la ville depuis 1848).

Cet excellent homme, collectionneur dans l'âme, se passionna notamment pour les poissons, les oiseaux, les insectes et les minéraux. Il aménagea dans ses appartements un « cabinet d'histoire naturelle » dont les principaux éléments, parfaitement conservés, constituent le musée en question.

Assez naïf, il échangea une inestimable collection d'oiseaux-mouches contre une baleine en carton-pâte maquillée par un escroc suédois.

Les poupées, en revanche, ne l'intéressaient pas. Il n'est donc pour rien dans les collections en provenance d'un legs fait en 1953. Les gastronomes sentimentaux y apprécient d'admirables « dînettes » et une variété d'ustensiles de cuisine miniaturisés.

Quelques vieilles maisons, sur la rive gauche du Vizézy (sous-affluent de la Loire), ont échappé au naufrage des siècles. Voir la « Maison des Lions », décorée de quatre têtes léonines, de style Louis XIII ; la « Maison des Robertet », à la façade Renaissance, construite en 1587 ; et la « Maison du Verdier », également d'époque Renaissance, caractérisée par une tourelle d'angle.

Détails cocasses : la sous-préfecture (jadis « préfecture ») et l'hôtel de ville sont installés dans d'anciens couvents placés sous la protection de saint Aubrin, patron de la ville, qui fut évêque de Lyon...

Lyon que l'on retrouve en filigrane à la tête des affaires municipales, puisque le maire, le Dr Guy Poirieux, est né à Bron (Rhône).

La commune associée de *Moingt* s'enorgueillit d'une tour du XIVe siècle (vestige des remparts de cette cité) ainsi que d'une église romane. Des thermes romains seront en outre prochainement présentés à la curiosité des touristes.

Horribles détails :

1. *La tour de la Barrière,* dite « tour du Baron des Adrets », rappelle le souvenir de la « bête furieuse » que fut ce chef protestant ! Le 14 juillet 1562, il envahit Montbrison après une résistance désespérée, et commença ses atrocités. Il obligea par exemple le capitaine Moncelar, défenseur de la ville, à se jeter du haut du donjon sur les piques de la soldatesque, en compagnie d'autres catholiques. Ce qui fut fait, à l'exception d'un des malheureux prisonniers qui hésita à faire le saut... « Eh quoi, lui dit le baron, tu t'y reprends à deux fois? »... « Je vous le donne en dix », répondit l'homme ! Ce bon mot lui sauva la vie, car le baron pratiquait l'humour noir.

2. Le révolutionnaire Javogue, natif de Bellegarde-en-Forez, huissier à Montbrison, député de Rhône-et-Loire, déclarait : « La seule divinité que tout bon républicain doit adorer, c'est la guillotine »... A Roanne, où il fit des siennes, il se montra tout nu pour faire profiter le peuple « des formes d'un véritable patriote » ! Épurateur impitoyable, il envoya à l'échafaud de nombreux « suspects » du Forez, et fit déca-

Le prieuré de Saint-Romain-le-Puy (Loire) sur lequel planent tant de mystères !

piter une femme qui s'était refusée à lui (non sans l'avoir contrainte à se déshabiller entièrement au pied de la guillotine).

A visiter près de Montbrison : A l'ouest de la D. 8, dans les monts du Forez : Champdieu, pour son *église fortifiée du XIIe siècle*, de style roman auvergnat (crypte romane et Vierge noire qui aurait été apportée de Terre Sainte, objet d'un pèlerinage le 8 septembre). Fortifications du XIVe siècle très bien conservées. Sur le territoire de la commune, à l'est de la D. 8, le château de Vaugirard (début du XVIIe s.) ne se visite pas. — *Essertines-en-Châtelneuf* dans la pittoresque vallée du Vizézy. Distinguer entre Essertines-Hautes et Essertines-Basses (où l'on a jadis « essarté » les bois). L'église des « Hautes » (XVe siècle) ne présente pas autant d'intérêt que la chapelle des « Basses » (XIIe), plus émouvante. Le château (en ruine), nid d'aigle, fut bâti par Guy II de Forez au XIIe siècle, et se situe à 1 011 m d'altitude. Les seigneurs de Montbrison y envoyaient leurs enfants respirer l'air pur. — *Verrières-en-Forez*, où l'église, reconstruite au XVIe siècle, caractérisée par des fenêtres flamboyantes, représente en outre le type d'une église de montagne au clocher massif flanqué d'énormes contreforts d'angle. Au cimetière, voir une croix ancienne. Le séminaire, fondé en 1803, fut une pépinière d'évêques. Le futur curé d'Ars en suivit l'enseignement. A 6 km par la N. 496, en direction de Saint-Anthème, on arrive au *col de la Croix-de-l'Homme-Mort* (1 163 m), sur l'arête des monts du Forez séparant le Forez de l'Auvergne. — *Roche*, que l'on atteint par la D. 44, village escarpé, possède une église du XIVe siècle. Sur la place, une croix monolithique (XVIe s.) est consacrée à Saint-Martin-de-Tours. Par la D. 113, le *col de Baracuchel* (1 230 m) conduit également à Saint-Anthème (Puy-de-Dôme). — De Saint-Anthème, rejoindre *Margerie-Chantagret* (croix du XIIe siècle, la plus ancienne des monts du Forez) et *Saint-Jean-Soleymieux*, dont l'église (XVe) a été construite sur une crypte romane dite « Notre-Dame-Sous-Terre ». Vieilles maisons et croix gothique au hameau de Cruzille. — Poursuivre sur *Marols*, bourg enclavé dans des restes de fortifications du XIVe siècle élevées à l'époque où le Forez dut se protéger contre les pillards des Grandes Compagnies, et *Luriecq*, pour son église (XVIe s.) et son dolmen. — *Saint-Marcellin-en-Forez*, sur la N. 498, réserve une heureuse surprise avec le *château de Colombiers* (XVIe s.), où deux dynamiques jeunes gens ont entrepris des restaurations en 1978, puis ont installé une galerie d'antiquités, et organisent des rencontres gastronomiques pittoresques. — *Sury-le-Comtal*, pour son château (XVIIe s.), qui fut victime d'un incendie en 1937, mais intelligemment remis en état (visites de Pâques au 1er octobre, dimanche et lundi, de 14 à 18 heures). — *Saint-Romain-le-Puy*, où l'escalade à pied du piton volcanique coiffé d'un prieuré des moines lyonnais d'Ainay mérite un effort. Ce monastère fantôme, fondé au XIe siècle, possède une crypte décorée de fresques du XIIIe siècle. Remarquer aussi, à l'extérieur d'étranges symboles et des croix gammées (svastikas d'origine inconnue. Demander la clé dans le village. — *A l'est de la D. 8, dans la plaine du Forez* (que nous limiterons à la zone des étangs au sud-ouest de la N. 82). Or d'où procèdent tous ces étangs nostalgiques (1 500 hectares environ), si poissonneux, et où 196 espèces d'oiseaux ont été recensées? Eh bien, notons qu'ils ont été créés par la main de l'homme à partir du XIIIe siècle, sur l'initiative des comtes de Forez, dans un territoire propice à une telle mise en eau. On retrouve d'ailleurs un phénomène similaire en Dombes à la même époque. En l'an 1428, par exemple, le cent de carpes de trois ans valait 13 livres. C'était donc d'un assez bon rapport, compte tenu du niveau de vie, sans parler de la période d'assec, où les récoltes avaient tout à gagner à ce système d'exploitation des sols lacustres. Cela dit nous allons laisser de côté *Saint-Germain-Laval*, *Pommiers* et le pays de *l'Astrée* qui font l'objet d'articles particuliers, pour circonscrire nos visites parmi les étangs aux localités les plus proches de Montbrison : *Savigneux*, où la voie romaine de Feurs à Usson-en-Forez traversait le territoire de la commune. Il n'en reste rien, hélas, et seul le château de Montrouge (XVIe s.) a échappé aux injures du temps (ne se visite pas). — *Chalain-le-Comtal*, ancienne châtellenie affectée aux filles des comtes de Forez dont il ne subsiste qu'une ruine du château. Dans le cimetière, très ancien, vestiges intéressants d'une chapelle médiévale. — *Précieux*, où l'église moderne possède une abside du XIIe siècle, voûtée en cul-de-four. — *Andrézieux-Bouthéon*, où les eaux de la Loire se ternissent quelque peu sous l'influence de son affluent, le Furan, qui ne s'est certes pas purifié à Saint-Étienne ! Ce village de la périphérie stéphanoise, en revanche, s'enorgueillit d'avoir été le terminus du premier chemin de fer français, Saint-Étienne-Andrézieux (1828). A proximité, l'aéroport de Bouthéon bénéficie d'un trafic en progression constante. Le *château de Bouthéon*, bâti au XVe siècle par Jean II de Bourbon, domine la Loire et gagne à être vu du fleuve (ne se visite pas).

42 — MONTROND-LES-BAINS

Cité thermale et gastronomique où le *château fort* (XIVe), « pétardé » par le sinistre Javogue en 1793, a été récemment arraché à la ruine, grâce à la vigilance des « Amis du Château ». Mais certains connaissent surtout Montrond pour son casino, qui attire de nombreux Stéphanois, tout comme celui de Saint-Galmier.

A noter que ces deux casinos voisins (les deux seuls du département de la Loire) ne roulent pas sur l'or et cherchent à élargir la période de fréquentation de leur clientèle. Il est évident en effet que leur activité saisonnière, limitée à l'été, ne suffit pas à l'équilibre de leurs finances.

Près de Montrond, le *château de Cuzieu* (XVIIe) est ouvert à la visite tous les après-midi du 1er mai au

Le massif du Pilat, dominant la vallée du Rhône.

15 octobre. Blaise-Denis de Cuzieu fut échevin de Lyon au XVIIIe siècle, et prêchait la sobriété auprès du peuple de la ville. Il déclarait ne jamais boire plus d'un verre de vin à chaque repas (il est vrai que son verre avait la dimension d'un grand pot de confiture).

42 — PACAUDIERE (La)

Ce chef-lieu de canton ne présente pas un intérêt exceptionnel pour ses curiosités, à l'exception des beaux restes du « Petit Louvre », de l'Hôtel Notre-Dame (tympan sculpté) et de la Maison Morin... Mais cette cité-carrefour, sise sur la route du Bourbonnais, fut une châtellenie comtale du Forez d'importance primordiale (intéressante de nos jours pour les richesses de ses abords).

A visiter près de La Pacaudière : Le Crozet, village médiéval perché sur une butte offrant un panorama remarquable. Jean Papon y naquit, et l'on sait que cet illustre enfant du Forez, lieutenant-général du bailliage du Forez durant la seconde moitié du XVIe siècle, humaniste et écrivain, aimait à revenir dans la maison de son enfance, toujours visible, et caractérisée aujourd'hui par des médaillons sculptés sur la façade de briques. D'autre part, une maison de bois, dite du « Connétable » (du Connétable de Bourbon), et diverses demeures historiques, méritent le déplacement en ce haut lieu. — *Saint-Martin-d'Estreaux*, pour *Châteaumorand*, belle résidence Renaissance transformée au XVIIIe siècle, dont il ne subsiste que quelques éléments de son prestigieux passé. La ravissante Diane de Châteaumorand, désirée par Honoré d'Urfé, suscita en ces murs bien des passions, mais ne parut satisfaire qu'assez médiocrement son époux, Anne d'Urfé (au prénom si singulier), puisque celui-ci finit par entrer en religion ! A sa mort, son frère cadet, Honoré, eut alors tout le loisir de s'occuper de la belle, mais n'en tira que de maigres réconforts. — *Sail-les-Bains*, station thermale paisible (à ne pas confondre avec Sail-sous-Couzan) dont les eaux, connues des Romains (sail = *salio*, je jaillis), ne furent rendues à l'exploitation médicale qu'en 1847. — On soigne ici les affections de l'appareil urinaire et de la peau. Dès le XVIe siècle, et sans attendre les travaux du XIXe, on accourait à Sail-lès-Châteaumorand pour chercher le rajeunissement ! Les mignons d'Henri III y firent de fréquentes « cures ». A l'établissement thermal on a réalisé des miracles en matière de guérison de l'eczéma. A noter que l'eau de Sail-les-Bains est la seule du Forez qui ne soit pas gazeuse. — Le *château de Chaugy* (XVe) appartint à Michel de Chaugy, chambellan du duc de Bourgogne Philippe le Bon (qui livra Jeanne d'Arc aux Anglais en 1430 avant de revenir à de meilleurs sentiments en 1435 en signant la paix d'Arras avec le roi Charles VII). Les Chevaliers de la Toison d'Or (Ordre créé par Philippe le Bon) se réunirent une fois en ce château dont la visite extérieure seulement est possible en s'adressant à la grille.

42 — PILAT (Parc Régional du)

Le Parc Régional du Pilat, d'une superficie de 59 000 hectares, embrasse une partie du *Jarez* (voir à ce mot), s'étend au sud et à l'est de Saint-Étienne, et se termine sur le Rhône, entre Vérin, au nord, et Saint-Pierre-de-Bœuf, au sud. Il grignote même un petit morceau du département du Rhône, à la hauteur de la Chapelle-Villars.

Mais nous ne nous intéresserons en l'occurrence qu'à sa substantifique moelle, ses abords ayant été épluchés précédemment.

Ce massif, détaché de la *chaîne des Cévennes* (ligne du partage des eaux entre le bassin méditerranéen et le bassin atlantique), manifeste une nette prédilection pour la Méditerranée, la majeure partie de ses rivières se déversant dans le Rhône ou dans le Gier, affluent du Rhône. Seul le Furan et quelques torrents sont attirés vers la Loire sur le versant occidental.

Les Romains, lorsqu'ils remontèrent la vallée du Rhône, furent frappés par les hauteurs de ce massif souvent hérissé de nuages et culminant au Crêt de la Perdrix (1 432 m) et au Crêt de l'Œillon (1 370 m). Ils l'appelèrent donc *Pila* (du latin *pila :* colonne, et, par extension, montagne servant de point de repère). Rien à voir, par conséquent, avec la légende de Ponce Pilate, rongé par le remords, qui s'y serait retiré pour mourir !

Cette gigantesque « pile » couverte de forêts et de landes fleuries, réserve écologique providentielle aux portes de Saint-Étienne, de la Vallée noire et de Lyon, se devait d'être protégée pour le bonheur des citadins qui l'entourent.

Si bien qu'aujourd'hui des sentiers de rêve sillonnent ce paradis retrouvé... Balisé en vert et blanc, par exemple, un *sentier botanique,* partant de Condrieu (Rhône), grimpe jusqu'au col de Grenouze et s'étire jusqu'à la Jasserie du Pilat, au bas du Crêt de la Perdrix...

Jean-Jacques Rousseau emprunta ce chemin pour herboriser en août 1769 ! Nous avons donc désiré à notre tour suivre ses traces.

32 km de marche vivifiante attendent sur ce parcours les amoureux de la nature et de la flore, qui ne peuvent en aucun cas s'égarer, puisque aux endroits litigieux des panneaux ont été placés de façon à éviter toute équivoque, tandis que des jalons, peints sur les arbres ou les rochers, ne manquent jamais d'indiquer la bonne direction au détour des « chirats » (éboulis de pierres éclatées).

Quant au retour, il peut toujours être effectué en car ou grâce à la voiture d'un suiveur complaisant depuis diverses stations carrossables de l'itinéraire.

Quelques villages et lieux mémorables du Pilat.

— *Doizieux,* la seule commune de France où la République ne figure pas sur le cachet de la mairie, ayant été remplacée par un « chirat » planté de sept pins ! Les druides tenaient ici conseil, dans un bois de chênes, et l'étymologie du village procède de ce fait d'un mot celtique abscons. Au lieu-dit « Le Soleil », on pratiquait d'ailleurs le culte solaire ! D'autre part, dominant Doizieux et sa tour, la « Roche du Suaire » rappelle qu'un chevalier félon en fut précipité avec son cheval... L'historien du Pilat, Jean Combe, vous en contera davantage...

— Le *Crêt de l'Œillon,* où la Télévision s'est installée. Table d'orientation.

— *Thélis-la-Combe,* où une auberge paysanne est gérée par une association d'agriculteurs.

— *La Croix-de-Montvieux* (877 m), à un carrefour clé du Pilat, accessible en auto par la Terrasse-sur-Dorlay, le Collet de Doizieux, Pélussin et Chuyer.

— *Pélussin,* village de vacances heureuses, où le *château de Virieu* (XVIIe s.), la *chapelle* et les *vieilles halles* constituent autant de belvédères sur la vallée du Rhône. On peut rejoindre le sommet du *Bouchany,* où les restes du mystérieux *château de Bélise* (dans les broussailles d'un « chirat ») évoquent un culte des pierres remontant à la nuit des temps.

— *Maclas,* village paisible, où réside l'érudit Maurice Jacquin. Base d'excursions pédestres pour le Pilat escarpé.

— *Véranne* où, dominant un « chirat », la proche *chapelle Saint-Sabin* (XVIIe s.) a pris la place d'un culte païen et offre de surcroît une belle vue (1 128 m). Excursion classique depuis *Maclas.*

— *Le col de la République,* qui n'a aucun rapport avec la République française, mais rappelle une République imaginaire...

A la fin du XVIIIe siècle, en effet, après la Terreur, un nouveau Moïse et une prostituée revenue à la foi, se disant la réincarnation de sainte Madeleine, prirent la tête d'illuminés, d'utopistes et de disciples en déroute de l'abbé Bonjour (le curé de Fareins, dans l'Ain). Ils entreprirent de fonder une République de l'Affection Mutuelle dans le Pilat, en prétendant que le prophète Élie n'allait pas tarder à revenir en ces lieux escarpés. Si bien qu'ils prêchaient, en l'attendant, l'amour sans œillères et la pauvreté des justes... Les néophytes arrivaient par centaines par le col du Grand Bois, dit désormais, sans autre précision, « col de la République »... Convient-il d'ajouter que le gouvernement du temps, républicain pourtant, ne toléra pas ces initiatives hardies et dispersa ces précurseurs des hippies et autres plaisants œcuménistes de choc ?

— *Le Bessat* (1 160 m), station de sports d'hiver, d'où toutes les excursions sont possibles en toutes saisons.

— *Rochetaillée* et *le Gouffre d'Enfer,* à l'extrémité ouest du massif, près de Saint-Étienne.

La *forteresse de Rochetaillée* paraît inaccessible dans son décor sauvage. Ces ruines du XIIIe siècle furent successivement la propriété de Guy de Jarez, seigneur de Rochetaillée, puis de la famille d'Apchon. Le château fut assailli en 1589 par les « Ligueurs », occupé, puis démantelé, n'en déplaise à l'inscription encore visible au-dessus d'une porte : « Ostium non hostium » (mon entrée se refuse à l'ennemi). Chaque soir ces vieilles pierres sont illuminées par de puissants projecteurs. Inouï.

Un chemin conduit au *Gouffre d'Enfer* (barrage du Furan construit en 1866).

A *Rochecorbière,* enfin, site fantastique découpé dans le granit schisteux. Des escalades sont possibles (mais se méfier des chutes de pierres). Nous avons personnellement effectué cette escalade en compagnie de Charles Exbrayat, de Planfoy, au temps de notre folle jeunesse.

Dicton (surtout valable du côté de la vallée du Rhône) :

Si le Pilat a son chapeau
Le temps sera beau.
S'il a son collier,
On peut se risquer.
Mais s'il porte une épée,
Il vient une ondée !

42 — POMMIERS-EN-FOREZ

En marge de la route de *Saint-Germain-Laval* (voir l'article consacré à ce vieux bourg) et Balbigny s'insère une des perles du Forez :

Pommiers... Cet admirable village, épargné par les désastres de l'histoire, conserve un *prieuré clunisien fortifié* (servant actuellement de maison de repos à des prêtres fatigués) auquel on accède par deux portes du XVᵉ siècle. Or, si le prieuré ne se visite pas, l'*église* (XIIᵉ s.) permet de passionnantes découvertes: fresques des XVᵉ et XVIᵉ siècles, Christ en bois du XVIᵉ (amputé malheureusement des bras et des jambes), trois beaux reliquaires et couvercle de sarcophage servant d'autel.

Les trois tours rondes de cet ensemble architectural, ouvertes sur la vallée de l'Aix, s'apprécient surtout en effectuant une promenade jusqu'à cette rivière traversée par un pont moderne, près duquel subsiste un *pont médiéval* (XIᵉ siècle), providence des photographes.

Dans le village, visiter le *musée* aménagé dans une maison ancienne par l'association des Amis du Vieux Pommiers. Celui-ci n'a pas l'importance de celui d'Ambierle, mais présente des collections de souvenirs de la vie locale d'un très vif intérêt. Dans une annexe, demander à voir le four à pain de jadis.

On raconte aussi que l'empereur Trajan créa à Pommiers une colonie de vétérans, et que sous l'église gisent des trophées romains... Pourquoi pas?

42 — ROANNE

Une très vieille cité : *Rodumna,* du mot celtique *rodo* (gué). Nous n'entrerons toutefois dans son histoire qu'au XVᵉ siècle...

Après la condamnation de Jacques Cœur, Grand Argentier de Charles VII, et la confiscation de ses biens en Forez, un gentilhomme du Poitou, Guillaume Gouffier, se rendit acquéreur en l'an 1455 de la moitié de Roanne et autres lieux limitrophes.

Après quoi son fils Arthus, qui s'était distingué durant la campagne d'Italie, devint surintendant du roi François Iᵉʳ et arrondit ses possessions dans le Roannais. Au point que la ville de Roanne fit bientôt intégralement partie de son domaine centré autour d'un château fantastique.

Décédé en 1519, Arthus Iᵉʳ Gouffier laissa à son fils Claude une fortune considérable, de même que le titre insolite de marquis de Caravaz (Caravaggio) glané à la pointe de l'épée dans le Milanais... Le « marquis de Carabas », personnage fabuleux des contes de Perrault, mis en vedette dans « le Chat Botté », ne serait donc pas si imaginaire qu'on pourrait le croire !

En 1566, le marquisat de Roanne fut érigé en duché, et la dynastie des Gouffier se para d'une nouvelle couronne. Roanne, premier port sur la Loire pour le transport des voyageurs et des marchandises, devint alors très prospère. Sans oublier les Belles Lettres puisque l'on doit à Arthus II Gouffier, duc de Roanne (1627-1696), la publication en 1670, des « Pensées » de son ami Pascal.

Détail héroïque : en 1814, le Forez étant envahi par les Autrichiens, des volontaires roannais infligèrent des pertes sévères à l'ennemi, ce qui provoqua le siège de la ville par 16 000 hommes.

Hélas, au bout de dix-sept jours de résistance, Roanne se rendit, et le général Hardegg, furieux, décida deux heures de pillage par ses troupes ! Mais le maire Populle (honoré comme il convient aujourd'hui sur les plaques bleues de la cité) fit connaître à l'envahisseur qu'il répondrait par deux heures de tocsin... L'Autrichien n'insista donc pas et se contenta de traverser la ville conquise (il faut avouer que la guerre, en ce temps-là, ne manquait pas de bonnes manières !). Toujours est-il que Napoléon, partant pour l'Ile d'Elbe, de passage à son tour à Roanne, le 22 avril 1814, déclara à son fidèle Drouot : « Cette ville a mérité la croix, car si les autres avaient fait comme elle, nous n'en serions pas arrivés là »... Une forte parole, qui ne se traduisit dans les faits qu'en 1864, sous Napoléon III, qui remit enfin la Légion d'honneur à Roanne, dont la fière devise « Crescam et lucebo » (je croîtrai et je brillerai) trouva en l'occurrence sa justification sur le chapitre de l'éclat.

En revanche, le touriste éclairé n'assouvira pas à Roanne sa fringale de curiosités, car en dehors du cèdre de la cour de la sous-préfecture, de la chapelle du Lycée Jean-Puy, rue Charles-de-Gaulle, dont le portail du XVIIᵉ ne manque pas d'intérêt, seul le *musée Joseph-Déchelette,* rue Anatole-France, mérite une visite approfondie (ouvert tous les jours, sauf le mardi, de 10 à 12 h et de 14 à 18 h). Tout le reste a disparu, ou presque.

Joseph Déchelette (1862-1914) fut un Roannais passionné par les fouilles du sol de sa ville, dont il établit que l'époque la plus active s'était située au Iᵉʳ siècle avant notre ère (Rodumna).

Installé dans l'Hôtel de Valence, achevé en 1789, ce musée contient évidemment les trésors archéologiques amassés par Joseph Déchelette, auxquels se sont ajoutés de nombreux legs et collections d'objets d'art.

En outre, toute l'histoire de la céramique de Roanne se trouve ici illustrée.

Nota : Roanne possède un syndicat d'initiative courtois et efficace, et nos remerciements s'adres-

Le château de Rochelambert (Haute-Loire) où rêva George Sand...

sent à M. Marcel Richie, l'érudit président du ESSI de Roanne.

A visiter près de Roanne : Riorges, essentiellement pour la bonne cuisine et l'accueil de l'excellent chef Jean Farge, en son aimable hôtel-restaurant à l'enseigne du « Marcassin ». — *Renaison*, pour le proche *château de Boisy*, où résida Jacques Cœur au XVe siècle et où subsistent de beaux restes. — *Saint-André-d'Apchon*, où le « saint » figurant au-dessus du porche de l'église est coiffé d'une étrange tiare ! S'agit-il de Dieu le Père, globe en main? Le château des d'Albon ne se visite pas. — *Pouilly-les-Nonains*, village sympathique, mais dont les restes du prieuré, à gauche de l'église, sont défigurés par une hideuse marquise en matière plastique ! En face, voir une maison dont la porte armoriée présente une élégante galerie de bois, malheureusement assez vétuste. — *Villerest*, où l'église (XIIe-XVIe siècles) et la *Porte de la Bise* (XVe s.), vestige des remparts de ce bourg fortifié, méritent un détour. Ici commence la D. 56 permettant de serpenter le long de la rive gauche de la Loire (voir à *Gorges de la Loire*). — *Vernay*, sur la rive droite de la Loire, où l'on accède par un pont de pierres depuis Villerest, ne serait-ce que pour se recueillir devant la Vierge Noire de l'église, non sans un coup d'œi aux ruines d'un vieux château.

42 — SAINT-BONNET-LE-CHATEAU

L'imposante *collégiale Saint-Bonnet* (début du XVe siècle) est considérée comme l'une des plus belles de la région, et on la place sur le même rang que celle de Montbrison. Une table d'orientation, à son chevet, s'ouvre sur de vastes horizons. Elle possède en outre une crypte, située sous le chœur, décorée d'une fresque du XVe représentant des sujets empruntés au Nouveau Testament et à l'Enfer (la vie de saint Bonnet, évêque de Clermont, dont des reliques furent transférées ici en l'an 722, y est également évoquée). Quant aux fameuses momies, découvertes par hasard dans un caveau en 1837 lors de la réfection d'une chapelle de l'église, on ne sait au juste s'il s'agit de victimes de la peste ou d'infortunés catholiques sacrifiés en 1562 par le baron des Adrets. Ce qui est vraisemblable, c'est que ces témoins tragiques d'une époque troublée par les épidémies et les guerres de Religion sont morts de faim, comme leurs corps décharnés semblent le prouver. Leurs chairs parcheminées, conservées dans un terrain propice (arsenic et alun), ont ainsi échappé à toute putréfaction. Voir encore le vieux *quartier de la Châtelaine* où subsistent des *portes fortifiées* (XIIIe siècle) et quelques vénérables *maisons des XVe, XVIe et XVIIe siècles,* jadis somptueuses. Le bandit « bien-aimé », Mandrin, qui rançonna les notables en 1754, n'a pas laissé en ces lieux un trop mauvais souvenir puisque la porte dite de « la Châtelaine » s'intitule simultanément « Porte Mandrin » !

Cité historique, protégée par la Vierge (vénérée, sous la forme d'une statue, dans une loge d'une porte fortifiée, à l'issue d'un vœu de la population, en 1609, en vue de se préserver de la peste), Saint-Bonnet-le-Château se targue de surcroît d'être la capitale mondiale de la pétanque (deux usines différentes y produisent annuellement 2 000 000 de petites boules !).

A visiter près de Saint-Bonnet-le-Château : Rozier-Côtes-d'Aurec (voir l'article consacré aux *gorges de la Loire* dans leur cours supérieur). — *Estivareilles*, sur la D. 498, village où des *restes de remparts* (XVIe s.) et un *pont romain* retiennent l'attention, de même que le *château de Marandier* (XVe s.), dans la forêt, au nord. — *Usson-en-Forez*, à l'extrémité sud-ouest du département de la Loire, où l'on se protégeait autrefois contre les entreprises belliqueuses venant d'Auvergne par de puissantes murailles (dont il ne subsiste qu'une tour et une porte). Quelques *maisons anciennes*, et *Notre-Dame-de-Chambria*, au chœur roman, complètent l'inventaire (assez maigre) des vieilles pierres de cette ex-place forte forézienne.

42 — SAINT-ÉTIENNE (517 m d'altitude, la grande cité la plus haute d'Europe après Madrid).

Limitons-nous ici à la petite histoire et au tourisme butinant sans oublier toutefois qu'à l'origine la houille fut la principale richesse de la région.

Bourgade connue des Romains sous le nom de Furanum (ceux-ci ayant pris l'habitude d'y tremper leurs armes dans le Furan, affluent de la Loire), la cité grandissante s'appela successivement *Furania,* puis *Saint-Étienne* dès le XIIe siècle, quand les comtes de Forez y firent construire une première église consacrée à ce saint, et enfin *Armeville* sous la Révolution ! Aujourd'hui près de 500 000 âmes sont concernées par l'emprise de cette métropole intellectuelle rayonnante, libre et souriante (classée première ville de France en 1974 pour le sens de l'accueil et l'exquise urbanité de ses habitants à la suite d'un sondage de la SOFRES).

L'ANVAR (Association Nationale pour la Valorisation de la Recherche) y a aussi installé son siège. Qui dit mieux ?

A dire vrai, Saint-Étienne, avant d'en arriver là, ne fut longtemps qu'une « communauté » dépendant des seigneurs de Saint-Priest-en-Jarez, vassaux des comtes de Forez, et tyranneaux locaux retranchés dans leur forteresse.

De ces âges obscurs, la « paroisse de Saint-Étienne-de-Furan » (forte d'un millier d'habitants seulement en 1410 !) n'a conservé que l'église du *monastère bénédictin de Valbenoîte* (une église romane remaniée, mais intéressante pour le chœur et l'abside), alors qu'il n'est rien resté de la première *église Saint-Étienne* (celle d'aujourd'hui, « la Grand », datant du XVe siècle).

Voir encore les *églises Saint-Louis* et *Notre-Dame,* toutes deux du XVIIe siècle (cette dernière de style jésuitique), et quelques modestes chapelles, comme la *chapelle du Refuge,* 22, rue Claude-Delaroa.

Sous Charles VII, on édifia des remparts, dont le dernier témoin n'est autre que *la Tour* (à l'emplacement de la porte fortifiée sise alors à l'est de la petite ville). En précisant qu'en 1790 la ville ne comptait que 16 671 habitants !

Les vieux quartiers du XVIe siècle, de leur côté, n'ont conservé qu'une *maison à colombage* (place du Peuple, ex-place du Pré-de-Foire), une *maison incrustée de médaillons* à l'angle de la place Boivin, et un *groupe de maisons Renaissance* à l'angle de la rue du Théâtre.

Près de l'église Notre-Dame, rue Dormand, la *maison des Feugerolles* (début du XVIIe s.) renferme un très bel escalier et une loggia. Enfin, à l'angle de la rue des Réhabilités de Vingré et de la rue Denis-Escoffier, quelques maisons du XVIIIe mériteraient un meilleur sort.

On découvre aussi des « traboules » à Saint-Étienne, moins importantes qu'à Lyon, mais dont celle donnant accès au *Musée du Vieux Saint-Étienne,* 13 *bis*, rue Gambetta, ne manque pas de bouquet. Ce musée est ouvert les jeudis et samedis de 14 à 17 heures.

Les vieux Stéphanois parlent toujours avec tendresse des « garamiots » (les gamins) et des « gagas » (les Stéphanois de souche)... Ce terme de « gaga » viendrait du radical celtique *gag,* signifiant « terre qui brûle », et, par extension, houille et puits à charbon.

De toute façon, le *parler gaga* conserve des fanatiques, et l'on évoque à l'occasion le *bichon* (sorte de pot à soupe, de petit ou de grand modèle), le *crézieu* (petite lampe primitive), etc., tout en s'écriant volontiers *beauseigne* en signe d'affliction... Notre ami Pierre Perrin ne nous démentira point.

— Mon mari a été dévoré par un crocodile durant un safari au Kenya... Beauseigne ! répond la voisine.

Bref, quand la préfecture de la Loire fut transférée de Montbrison à Saint-Étienne, en 1856, la ville comptait 102 000 habitants. On connaît la suite.

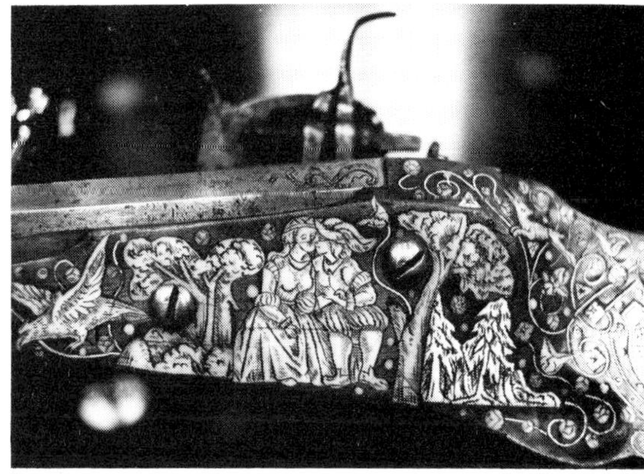

Les plus belles collections d'armes anciennes figurent à Saint-Étienne.

Parmi les musées de cette capitale des armes et cycles :

— le *Musée des Arts, de l'Industrie et du Cycle,* au Palais des Arts, 2, place Louis-Comte, se classe au premier rang des musées de France, et la sagacité de son conservateur est désormais appréciée à l'échelon international. Ouvert tous les jours (sauf le mardi et le mercredi matin).

— le *Musée Technique des Armes,* rue Jean-Claude-Tissot, est ouvert lui aussi tous les jours (sauf le samedi). Le banc d'épreuves est unique en France.

Un détail esthétique : la plus magnifique collection d'armes anciennes ne se trouve pas au Musée Technique, mais au Musée des Arts.

Sur d'autres fronts, la *Maison de la Culture et des Loisirs* (qui ressemble à l'étrave d'un paquebot échoué au Jardin des Plantes, où s'organisent des expositions et des spectacles), ainsi que la *chocolaterie des Grands Magasins du Casino,* ne manquent pas de saveur.

Et puis, si la réputation de « La Comédie de Saint-Étienne » de Jean Dasté n'est plus à faire, la librairie « bouge » depuis peu à Saint-Étienne ! Yves Dubouchet, par exemple, a créé un véritable « Centre de Loisirs » où la jeunesse est bien accueillie, et où il organise des expositions, des présentations d'artisans et de tisserands. A suivre...

A visiter près de Saint-Étienne : le massif du Pilat (voir à *Pilat*), le port de plaisance de Saint-Victor (500 bateaux) sur le *lac de Grangent* (voir à Firminy), et le Jarez (voir à *Jarez*). Quant au *château de Feugerolles*, au sein d'un environnement industrialisé, il est en parfait état de conservation. La façade monumentale (XIVe s.) et le système de défense complet (XVe s.) font de lui une curiosité exemplaire (visite extérieure possible tous les samedis après-midi, de 14 à 17 h, de juillet à septembre). — *Saint-Héand*, où le fantastique château a disparu, de même que l'église du XVe siècle (remplacée par un édifice du XIXe). Une salle de la mairie a recueilli, Dieu merci, de vieilles pierres : anges musiciens, blasons, etc.

42 — SAINT-GALMIER

César mentionne les eaux de Saint-Galmier dans ses « Commentaires », et des vétérans romains souffrant de l'estomac et de l'intestin se pressèrent bientôt auprès de ces sources froides, bicarbonatées et calciques. Puis la société Badoit organisa l'embouteillage de cette reine des eaux de table...

La rivière *la Coise* coule au pied de la ville jadis fortifiée, où l'*église* (XVe siècle), de style gothique flamboyant, abrite deux chefs-d'œuvre : le triptyque d'une « Vierge à l'Oiseau », et une Vierge du XVIe siècle, dite « la Vierge au Pilier », aux traits d'une admirable finesse. D'autre part, quelques maisons vénérables (mais pas obligatoirement respectées pour autant, hélas), attestent des splendeurs du passé ! Voir notamment la *Porte de la Devise* (XVIe siècle), place de l'Hôtel-de-Ville, et, place des Roches, une *maison à arcades* (XIVe siècle).

L'hôpital s'est logé dans un ancien couvent d'Ursulines (XVIIe s.), où le cloître mérite une visite, de même que la chapelle pour ses énormes colonnes torses en bois sculpté décorées de pampres et de raisins.

Les habitants de Saint-Galmier s'appellent des *Baldofontains.*

A visiter près de Saint-Galmier : en direction de Veauchette, le *prieuré de Jourcey* (XIIe s.), fondé par des religieuses de l'abbaye de Fontevrault, occupé aujourd'hui par un chirurgien-dentiste qui l'a transformé en rendez-vous de chasse et en bâtiment agricole (on ne visite pas, mais ce chef-d'œuvre en péril souffre tout de même un regard). — *Veauche*, pour le porche de l'église (IXe siècle). — *Saint-Médard-en-Forez*, pour le portail (XIIe s.) de l'église, caractérisé par une très profonde voussure sous laquelle une seconde arcature repose sur des colonnes à chapiteaux décorés de fleurs. — *Saint-Bonnet-les-Oules*, village bâti en amphithéâtre sur une colline, où les porteurs de la dépouille de saint Bonnet, en route pour Clermont-Ferrand, venant de l'Ile Barbe, près de Lyon, firent étape au VIIIe siècle. Partout où passa cette dépouille, l'agglomération prit le nom de Saint-Bonnet ! — *Chevrières*, village rendu célèbre sous la Terreur par le royaliste fidèle Antoine Crozier, dit « le roi de Chevrières », organisateur d'une résistance locale contre les excès de la Convention. De nombreux prêtres du Forez, ainsi que des Lyonnais proscrits, furent hébergés et cachés par les paysans de Chevrières, tout dévoués à Antoine Crozier. Si bien que ce brave homme s'étant ruiné au service du drapeau blanc, Louis XVIII lui accorda une maigre pension de 300 francs (que le roi Louis-Philippe supprima lors de son avènement). Il mourut sur la paille en 1835, oublié de tous. Le *château de Chevrières*, mentionné au XIIe siècle, possède des murailles du XVIe et un portail Renaissance de l'an 1520. (Visite extérieure possible sur demande.)

42 — SAINT-GERMAIN-LAVAL

Cité à la limite des montagnes et de la plaine du Forez parsemée d'étangs. L'église (XIVe s.) de ce vieux bourg surélevé est intéressante, ainsi qu'un certain nombre de demeures anciennes (dont une maison de bois). Petit musée oriental non négligeable à la mairie. Daniel Greysolon naquit en ces murs, et se distingua, au cours de son voyage en Amérique, par la découverte des sources du Mississippi (1636).

De Saint-Germain-Laval (lieu de pèlerinage à Notre-Dame-de-Laval) à Boën-sur-Lignon, la D. 8 traverse ou donne accès à plusieurs lieux ou villages souffrant une halte :

— *Verrières,* pour son ancienne Commanderie des Chevaliers de Saint-Jean-de-Jérusalem (XIIe s.). C'est un chef-d'œuvre en péril.

— *Bussy-Albieux,* où l'église (quelconque) dissimule un reliquaire du XIIe siècle, tandis qu'au cimetière, distant de 500 mètres, une touchante chapelle romane abrite *la plus surprenante collection de couronnes mortuaires en perles,* ainsi que quelques ex-voto naïfs. L'ensemble est surréaliste et un tantinet vampirique par temps de pleine lune.

— *Arthun,* dont le nom celtique pose une énigme. Le château de Beauvoir, arrière-fief de Couzan, a été reconstruit par la famille de Neufbourg au XVIIIe siècle (ne se visite pas).

42 — SAINT-HAON-LE-CHATEL

Ce beau village fortifié, sis à l'est des Monts de la Madeleine, culmine sur un promontoire dominant la plaine de Roanne, à une dizaine de kilomètres à l'ouest de cette ville. Un chemin de ronde permet d'en effectuer le tour et de se glisser dans ses venelles

Fourneaux (Loire). Château de l'Aubespin.

romantiques. On pénètre par exemple dans l'enceinte par la *Porte de l'Horloge,* magnifiquement cloutée, s'ouvrant dans une tour carrée du XIVe siècle, puis on arrive, en adoptant le sens des aiguilles d'une montre, à l'*Hôtel de Jean Pelletier (XVe s.)*, baron de Beaucresson, dont la devise cocasse était: « Soyons prudents comme des serpents, simples comme des colombes ! » Voir ensuite la *Porte de la Trahison,* rappelant une sombre histoire datant de la Praguerie (en 1440, en effet, une armée mandée par le roi Charles VII bombarda cette porte et démantela une partie des remparts pour punir Saint-Haon d'avoir pris le parti du dauphin Louis, le futur Louis XI, en révolte contre son père). On évolue plus loin sous des mâchicoulis où figure un petit monument à la gloire de M. Jusserand, qui fut ambassadeur de France et se retira en ces lieux, tandis que l'intérieur de la précieuse cité (affranchie au XIIIe siècle) révèle d'autres trésors : *Maison du Cadran Solaire, Tour Favières, Maison de l'Évêque* (Cardinal Jean de la Grange), et l'*église* (XIIe s.). Une population respectueuse du passé s'est installée dans les vieilles pierres de ce village où les mercenaires du souvenir n'ont point encore fait irruption. Qu'on se le dise, et que le mystérieux saint Haon protège les siens !

43 — SAINT-PAULIEN (800 m d'altitude)

Capitale déchue du Velay depuis le VIe siècle (voir la partie historique consacrée au Velay), la ville n'en possède pas moins une *majestueuse église romane* du XIIe, modifiée intérieurement au XVIIe. On discerne dans quelques chapiteaux anciens des influences celtiques (divinités à trois têtes), tandis qu'à l'extérieur figurent des matériaux de réemploi d'origine gallo-romaine, dont un autel taurobolique.

Sur la route de La Chaise-Dieu, le *portail roman de la chapelle des sœurs de Saint-Joseph* est également d'une grande qualité. Un *musée gallo-romain,* dans la commune, démontre enfin l'importance de *Ruessio* (nom de la cité à l'époque gauloise).

A visiter près de Saint-Paulien : le *château de Rochelambert* (XVe), plaqué sur la paroi rocheuse d'un volcan. On y accède par un chemin ombreux ne laissant rien deviner de cette résidence de conte de fées. Incendié en partie durant les guerres de Religion, il fut restauré par la veuve de François de La Rochelambert, et peut être visité aujourd'hui tous les jours. A l'intérieur, en marge des appartements réservés aux propriétaires actuels, le public apprécie entre autres de remarquables collections de vierges romanes, de meubles anciens, d'armes et de tapisseries. George Sand a situé en ce séjour l'intrigue de son roman « Jean de la Roche » — *Bellevue-la-Montagne*, au nord, pour le point de vue offert depuis la route, en direction de La Chaise-Dieu (1 000 m d'altitude).

42 — SAINT-SYMPHORIEN-DE-LAY

Venant du Lyonnais, via Tarare, par la N. 7 en direction de Roanne, on franchit la frontière entre le département du Rhône et celui de la Loire au *col du Pin Bouchain* (885 m).

Un col très bien fréquenté, puisque la chronique a répercuté une piquante anecdote se référant à Napoléon Ier de passage en ces lieux... L'empereur y déjeuna en effet frugalement à l'unique auberge, et trouva que l'omelette n'y était pas bon marché ! C'est ainsi qu'à la question : « Les œufs sont-ils donc si rares ici? », l'astucieux tenancier répondit du tac au tac : « Ce ne sont pas les œufs, Sire, qui sont rares ici, mais les empereurs. » Un buste de ce client exceptionnel rappelle cette addition salée.

Quelques kilomètres après, on arrive à *Saint-Symphorien-de-Lay,* cité historique, siège de l'association « Les Chemins du Passé », que préside M. Antonin Bécaud.

Aux yeux des puristes de la topographie, nous n'avons pas encore quitté la baronnie du Beaujolais (le seuil du Forez proprement dit ne commençant qu'aux abords de Roanne). Nuance.

Chaque été, « Les Chemins du Passé » organisent au village une exposition de grande classe justifiant le déplacement des plus exigeants. Se recueillir en outre devant l'auberge de la Tête Noire (XVIe s.), assez délabrée, où un blason rappelle le mariage du roi Louis XII et d'Anne de Bretagne, et pénétrer dans l'église, en partie du XVe siècle, mais d'un intérêt limité en dépit de quelques peintures.

Célébrons d'autre part *Joseph de Berchoux,* poète, qui naquit à Lay (hameau dépendant de la commune) le 3 novembre 1760, et fut baptisé le 4 à Saint-Symphorien.

Il inventa le mot *gastronomie,* qu'utilisa plus tard avec tant de bonheur Brillat-Savarin ! Une raison majeure pour nous attacher à quelques aspects de la vie de cet homme d'une aimable qualité...

D'après des renseignements communiqués par le général H. de Berchoux (descendant de la branche cadette), Joseph de Berchoux, fils de François, avocat au Parlement, et de Philiberte de Chavannes-Beaugrand, appartenait à une noble famille blasonnant depuis l'an 1502 : « d'azur à une grue d'argent avec sa vigilance d'or, au chef de même, chargé de trois étoiles d'azur, la bordure de gueules, chargée de huit besants d'or ».

Il mourut sans descendance, le 17 décembre 1836, dans son domaine de Marcigny (Saône-et-Loire), où il s'était retiré (et où le musée local conserve d'intéressants souvenirs de ses belles années).

On a minoré l'œuvre de Joseph de Berchoux, mais son poème en quatre chants : « La Gastronomie », paru en 1801, est toujours cité (trop souvent sans référence, hélas).

On lui doit, notamment, ces vers célèbres transformés en aphorismes :

— *Qui nous délivrera des Grecs et des Romains !*

Le poète considérait que Grecs et Romains étaient d'une voracité inconciliable avec la bonne cuisine ! Qui ne se rappelle, à ce propos, les repas homériques décrits dans l' « Iliade », où sont représentés des héros engloutissant des bœufs entiers sans préparation aucune !

— *Il faut, il en est temps, que notre siècle dîne !*

Après la Révolution, le XIXe siècle naissant devait, aux yeux du poète gastronome, s'envisager sous un jour plus décrispé...

— *Dieu, que je puisse toujours, après avoir dîné, Bénir le cuisinier que le Ciel m'a donné !*

— *Rien ne doit déranger l'honnête homme qui dîne !*

N'oublions pas de surcroît des réflexions marginales de cette densité : « C'est un grand malheur que la Cuisine d'Archestrate ne soit pas venue jusqu'à nous. Je ne sais si la mienne pourra réparer cette perte »... (Notre ami Senderens a, depuis, fait le nécessaire en son restaurant, précisons-le.)

Ou encore : « Claude, faible héritier du pouvoir des Nérons, préférait à la gloire un plat de champignons. »

Homme d'esprit, journaliste à ses heures, diseur apprécié des salons du Forez et du Beaujolais, heureux de vivre à Lay puis à Marcigny, il « monta » à Paris avec son manuscrit en 1800 pour se faire éditer et connaître la notoriété ! Au point que son petit livre précieux, « La Gastronomie », fut traduit en anglais en 1810 sous ce titre : « Gastronomy, or the bon vivant's Guide. » A noter que l'aimable Sylvie Caucanas, archiviste à Saint-Étienne, a réuni sur ce cénobite tranquille une grosse documentation.

Détail décevant : Aucun restaurant de la région ne fait allusion sur sa carte à Joseph de Berchoux !

A visiter près de Saint-Symphorien-de-Lay : Au sud de la N. 7 : *Fourneaux*, pour le *château de l'Aubespin* (visites en août seulement, samedi, dimanche et lundi). Cette noble demeure, reconstruite au XVIe siècle, a conservé un donjon du XIVe, et se situe dans un parc à la française où l'on peut pénétrer toute l'année. — *Neaux* et son zoo. — *Saint-Just-la-Pendue*, où le dolmen et la chapelle de Liesse s'inscrivent dans les chemins du passé, tandis que le clocher de l'église du village dissimule un château d'eau ! Quant à la « pendue » en question, il s'agirait, selon une légende médiévale, d'une femme accusée à tort d'infidélité et condamnée au gibet. Or la corde s'étant rompue sous l'effet tranchant du doigt de Dieu, la « pendue » retrouva des couleurs et vécut jusqu'à un âge avancé. — *Saint-Marcel-de-Félines*, où le *château des Talaru* se visite du 1er avril au 1er novembre, samedi, dimanche et lundi. Jouxtant l'église il subsiste en l'état de sa construction entre 1582 et 1587 ; de profonds fossés l'ont protégé des méchants et continueront, on l'espère, à le mettre à l'abri des cambrioleurs, car il renferme de remarquables collections de meubles, de fresques et des tableaux rares (un portrait de Jeanne d'Arc, notamment, datant de l'époque de la Pucelle). — *Sainte-Colombe-sur-Gand*, pour les *ruines romantiques du château de Montcellier*. — *Saint-Cyr-de-Valorgues*, où les ruines du *château de Ressy* méritent un détour. — *Néronde*, village fortifié de fière allure dont le cimetière se distingue par une chapelle (XIIe s.) abritant quelques ex-voto, ainsi qu'une croix, sans doute du XVe, caractérisée par la représentation du Christ et de la Vierge. — Au nord de la RN 7 : *Pradines*, pour le château de la Bussière (XVIe s.) et l'abbaye (installée dans des bâtiments du XVIIe s.) qui ne se visitent pas. — *Régny*, pour la chapelle de Nacone et quelques maisons anciennes. Des mines furent exploitées près d'ici par Jacques Cœur.

43 — YSSINGEAUX

Sous-préfecture active, environnée de « sucs » volcaniques. De cette cité médiévale, recluse jadis en ses remparts, il ne subsiste rien de saillant pour les amateurs de vieilles pierres. Seuls l'Hôtel de Ville (XVe siècle), ancienne résidence fortifiée des évêques du Puy, et la Chapelle des Pénitents (XVIIe) présentent un réel intérêt. Cinq coqs (geaux) figurent sur le blason de la ville.

Se référer à l'article consacré au *Meygal,* tout proche, en ce qui concerne les excursions possibles. Mais si l'on est pressé, se rendre au *Pied de Glavenas* (1 048 m), d'où l'on jouit d'un séduisant panorama sur la région, sans omettre une halte à la vénérable église jouxtant le sommet.

ZUENTIBOLD

Ce fils du roi Arnulf de Germanie se heurta en l'an 888, à la hauteur du Gier (sans autre précision), à une armée de Rodolphe Ier, l'ambitieux roi de la Bourgogne transjurane qui avait entrepris de rétablir l'ancienne Lotharingie...

DEUXIÈME PARTIE

PLAISIRS ÉPICURIENS EN HAUTE-LOIRE LES GASTRONOMADES MÉDIÉVAUX DU PUY

Ce fut au seuil du printemps de l'an de grâce 962 que Gotescalk, évêque du Puy, innova le premier pèlerinage à Saint-Jacques-de-Compostelle. Cette millénaire et pieuse migration était animée pour des milliers de chrétiens par la foi de se recueillir sur la tombe de l'apôtre Jacques le Majeur, inhumé en Espagne dans cette Galice qu'il avait évangélisée avant son martyre. Le Puy s'honore donc d'avoir vu partir du seuil de sa romane cathédrale Notre-Dame les novateurs de cette immense expédition de la chrétienté, ralliée sous le signe de l'habitat marin de ce délicieux mollusque bivalve devenu : la coquille Saint-Jacques.

Ce premier pèlerinage fut une réussite, et pour l'immortaliser l'évêque Gotescalk fit édifier en sa bonne ville du Puy un sanctuaire pour les « Jacquaires » : la merveilleuse chapelle Saint-Michel d'Aiguilhe qui domine le Velay.

L'exemple étant ainsi donné, d'autres pèlerinages s'organisèrent pour Compostelle à travers le royaume de France, à Paris, Tours, Vézelay. Mais celui du Puy demeura toujours le lieu du grand départ avec des croyants venus de l'Est, du Berry, du Lyonnais, de la Vallée du Rhône. Pourtant jusqu'à la Révolution, le Velay n'était constitué que par le seul diocèse du Puy. Ces voyageurs du Bon Dieu partaient assez optimistes comme le révèle une de leurs chansons de route :

quand il revient de Compostelle
le mari qui n'a point d'enfant
pour peu qu'il soit resté longtemps
en trouve deux en arrivant
O grand Saint-Jacques bénissez-moi !

Ces pèlerins avaient des itinéraires étudiés où étaient prévues de bonnes étapes en des abbayes accueillantes ou des hostelleries propices avec bon gîte et bonne table. Ils furent, selon le néologisme conçu par notre bon Maître Curnonsky, pour définir les touristes gourmands, « les premiers gastronomades de la joie de vivre ».

Ceux du Puy avaient leur chemin prévu par les abbayes Sainte-Foy de Conques, Saint-Pierre de Moissac et par Auch, pour franchir les Pyrénées. En Espagne, ils retrouvaient à Burgos un accueil vellave grâce à Alcaume, moine de La Chaise-Dieu qui y avait organisé pour eux sur le rio Oja un relais plein de réconfort. Ne doutons point qu'avant de quitter la ville sainte de la Haute-Loire sous le signe du « peigne » du coquillage de Saint-Jacques ces fervents marcheurs avaient sûrement déjà apprécié sur place les curiosités de bouche du Velay et qu'ils avaient emporté dans leurs besaces la jambonnette, la tomme du Velay et rempli leurs gourdes des vins des côteaux ponots, car Le Puy et le département dont elle est la capitale incarnent une des provinces les plus attachantes de notre cuisine régionaliste.

Notre ami Roger Pestre, qui fut longtemps à la tête des restaurateurs de la Haute-Loire et qui demeure un talentueux maître-queux au fourneau de son Hôtel du Cygne, 44, boulevard du Maréchal-Fayolle au Puy, a toujours su avec chauvinisme défendre les traditions culinaires de sa petite patrie comme en témoigne cette interview donnée à une revue locale :

La revue des bonnes choses de notre gastronomie vellave

— La rouelle de veau, rôti du dimanche.

— Veaux du Velay... leur chair toujours moelleuse. En plus de la traditionnelle escalope, rôtis flanqués de champignons des bois, tendrons et jarrets avec l'accent languedocien de l'oignon et de la tomate ;

— Dans la basse-cour, les problèmes de succession se règlent dans la marmite, et le coq, chef vieillissant, devient sujet de dégustation, gardant quand même sa notoriété sous la forme célèbre du « coq au vin » d'Auvergne ou d'ailleurs.

— Débarrassé de son manteau de fourrure, un bon lapin devient, en un tournemain, civet ou gibelotte, servant de modèle culinaire à ses frères sauvages, lièvres et garennes. Les pigeonnaux fuyards vont très bien à la casserole, suivis, à la fin de l'été, par les cailles et les grives.

— Les légumes des maraîchers locaux, de très bonne venue, apportent leur note de fraîcheur dans les repas. Ils rejoignent la perle verte des hauts plateaux, la lentille du Puy, habitant en grande famille dans de beaux sacs verts, toujours délicieuse et si facile à cuisiner, au jus ou à la crème.

« Pour commencer le repas, demandez une de nos charcuteries typiques : jésus pansu, jambonnette cuite, rosette, saucisses et saucissons bien secs, jambons au sel, produits traditionnels confectionnés avec soin par des charcutiers respectueux de leur métier. Le soir, au dîner, laissez-vous tenter par une bonne soupe où domineront le chou, la rave, la lentille du Puy ou l'orge perlée, le " brezou " ou la soupe au chou et au lard. Comme entrée, vous avez le choix :

Les différentes " bourriols ", crêpes farcies de diverses manières, les escargots aux noix qui sont « doubles » à Yssingeaux, les tripous, les pâtés gras, feuilletés ou en croûte, l'impasti gras, chaud ou froid, les gâteaux de viande, de foies, de volailles, de ris de veau, " graminées " qui ont fait la célébrité de quelques cordons-bleus féminins. Les ris de veau en feuillets, à la crème, aux morilles, les omelettes aux champignons ou aux morilles, les têtes, pieds, langues de veau, en ravigote... »

Roger Pestre vous fait également réclame des ressources des rivières locales. La truite, dit-il, est le poisson servi couramment et même sans points rouges « fario verboten », les arcs-en-ciel sont magnifiques de fermeté, le beurre noisette fait le reste.

Les grenouilles, en saison, à la persillade, à l'ail poulette, ou en omelette ; les écrevisses noires comme le basalte (vellave), mais, hélas ! de plus en plus rares, au court-bouillon ou à la bordelaise ; le saumon de l'Allier, « mets de roi », à la chair veloutée, en darne ou en escalope grillée, meunière aux herbes, à la crème, ou froid avec une bonne mayonnaise. Il faut le payer cher. Il dépasse en saveur ses cousins du Nord.

Rendons-nous à la ferme après avoir sauté la rivière. Bien entendu, vous avez terminé votre repas par une viande, un produit de la basse-cour ou un gibier.

C'est dans la « boucherie vellave et auvergnate, riche de produits de qualité », qu'il faut puiser. Voici le porc fermier.

Choisissez les cuisseaux ou filets rôtis ou braisés, braisés au four, bien sûr, au vin blanc, au genièvre ; choisissez des jambonneaux, cervelas, saucisses aux choux ou aux lentilles vertes du Puy, et la potée, si variée mais toujours appréciée. Le boudin aux pommes et l'andouillette au vin rouge.

Si vous aimez les viandes rouges, le bœuf est maintenant excellent. Ces bestiaux, ayant quitté la charrue, n'ont plus que le souci de se transformer en bonne viande à griller, à rôtir ou à braiser, ou à glisser dans un pot-au-feu. Mais nos agneaux sont hors classe. Côtelettes à griller, épaules à farcir, gigots au four ou à la broche, accompagnés des « pommes boulangères » aux odeurs de bélier et d'aromates de nos collines. Les foies et abats d'agneau en brochettes, pour satisfaire à la mode, les poitrines et collets farcissant de petits choux braisés, en compagnie d'orge perlé, ou voisinant avec le porc ou le bœuf dans « l'oullade ».

Les indications du bien-manger de Roger Pestre ne découlent pas seulement des viandes ou de la pêche, mais aussi des champignons.

Amis touristes, écoutez ce plaidoyer :

« Les champignons, en Velay, forment une joyeuse bande gourmande ».

LA VERVEINE DU VELAY

Cet élixir typiquement vellave, pour ne pas être religieux comme son émule de la Grande Chartreuse, en a acquis la même célébrité gustative grâce à son secret de fabrication très écologique que se transmet depuis bientôt un siècle et demi en héritage, de génération en génération, la famille Pagès, dont le premier chef sera beaucoup plus tard statufié au Puy, tant le Velay lui doit de gratitude pour sa propagande touristique et gastronomique.

L'actuel chef du « clan » de l'entreprise patrimoniale de cette exquise liqueur composée des herbes bénéfiques du massif du Meygal est Raymond Pagès.

Animateur de tous les offices de tourisme de l'Auvergne, Raymond Pagès a créé la Fédération Hôtelière des Logis de France dont la charte est d'encourager à travers l'Hexagone de petits ou moyens hôteliers. Gestion familiale, située en dehors des centres urbains et assurant confort et bonne cuisine aux touristes. Des joies simples ! Peut-être en souvenir de ces saintes auberges qui accueillaient sous la coquille de leur enseigne les pèlerins de Compostelle, Raymond Pagès en tant que Président du Comité National de la Liqueur de France, fut le fastueux fondateur du concours du Meilleur Sommelier de France dont les premières épreuves régionales eurent lieu au Puy en 1961 devant la majesté du château des Polignac dans une bonne hostellerie de La Voûte-sur-Loire.

La région du Velay, accrochée à l'Auvergne, au cœur du Massif central, présente une échelle d'altitude particulièrement douce, avec des terrains très variés, dans une nature volcanique, sauvage ou cultivée, qui produisent une multitude de plantes bienfaisantes où s'est porté le choix de l'homme.

C'est ainsi que, parmi ces plantes, un patient chercheur a harmonisé le mélange de plus de trente plantes qui sont à la base de la Liqueur « Verveine du Velay ».

Depuis 1859, cinq générations successives se sont transmis de père en fils le secret du mélange de ces plantes.

Dans d'immenses chais vont reposer pendant de longs mois les eaux-de-vie naturelles reçues directement des Charentes, puis les plantes macérées pendant plus de vingt jours avant leur distillation donneront leur arôme tout naturel à l'eau-de-vie.

Dix alambics de cuivre rouge gonflés de chaleur distilleront pendant 24 heures pour extraire des plantes les qualités les plus fécondes, et ainsi, par les procédés les plus naturels, obtenir un alcoolat à 90° qui donnera cet esprit de haut goût que les gourmets apprécieront lorsque après avoir été mariée au sucre chaud et au miel la liqueur jaune d'or (ou verte) sera servie pure ou dans un grand verre avec un glaçon sur les tables les plus gourmandes de tous les continents.

Son étiquette verte, son écusson doré dans lequel nous lisons le palmarès des récompenses obtenues dans les concours et expositions sont pour le consommateur une nouvelle garantie de toutes les qualités reconnues par les plus hauts prix internationaux.

Partout en France, dans plus de 50 pays dans le monde

la Verveine du Velay est appréciée parmi les liqueurs les plus digestives. C'est le meilleur souvenir d'un bon repas.

Aux côtés de la Verveine du Velay, Pagès distille et produit des liqueurs de plantes et de fruits, ainsi que des sirops.

On savoure ainsi une des premières innovations de l'ancêtre de la Maison : la liqueur de fruits Victor Pagès (1859) à base d'oranges, et encore la framboise, la prunelle ou la myrtille des bois circonvoisins devenues de suaves digestifs.

Dans son dynamisme consacré au développement d'un tourisme populaire, Raymond Pagès déplore que les guides des offices régionaux du tourisme ne donnent aux voyageurs que des listes de restaurants restreintes sans préciser les spécialités locales de chacun. Il veut en 1979 sélectionner à travers nos Provinces des restaurateurs présentant « *Le bon plat régional* » à un prix raisonnable et si possible avec l'escorte d'un vin du Pays. Il faut préciser que notre ami est une fine fourchette et parfois un créateur culinaire.

En sa qualité de Président du « Syndicat National des Plantes à infusion », il a voulu donner aux plantes, et à celles de la Haute-Loire plus particulièrement, une vocation gastronomique qu'on ne leur connaissait pas jusqu'à ce jour... Voici donc une « recette de santé », grâce aux plantes du Velay.

LAPIN A LA VERVEINE

Préparation : 20 minutes. Cuisson : 1 heure.
Pour 6 personnes : Un lapin de 1,600 kg au moins, une barde de lard, 4 sachets-doses de verveine, un pot de crème fraîche.
Faire pré-entailler le lapin au hachoir par le volailler pour faciliter le découpage après cuisson.
Huiler le lapin et le saupoudrer avec le contenu de deux sachets-doses de verveine. Saler et poivrer.
Entourer le lapin avec la barde de lard et le ficeler, si cela est nécessaire.
Mettre le lapin ainsi préparé dans un plat en terre avec 2 cuillerées d'eau au fond et cuire à four chaud une heure environ.
Manier la crème fraîche avec une cuillerée à café de farine et le contenu de deux sachets de verveine,
En fin de cuisson, retirer une grande partie du jus de cuisson de la barde et déglacer le fond du plat avec un peu d'eau ; incorporer à cette sauce la crème maniée et donner un bouillon pour qu'elle prenne consistance.
Présenter le lapin découpé en morceaux, recouverts chacun d'un morceau de lard doré et croustillant.
Servir avec du riz et la sauce en saucière.

LES LENTILLES VERTES DU PUY

Curnonsky constatait pertinemment que les bases de notre gastronomie revenaient aux gens de robe, qu'ils soient de prétoire ou d'église.

Le Puy confirme cette règle en la personne d'un épicurien avoué, Me André Alalain dont nous avons lu avec un puissant intérêt l'ouvrage sur la Haute-Loire gourmande.

Édité en 1965, ce livre est devenu introuvable et mériterait d'être republié par son auteur sur les Presses de l'Éveil dont il est administrateur. Ce serait un bienfait pour notre cuisine régionaliste en général et plus particulièrement pour celle du Velay.

C'est ce qu'a très bien compris Jean-Pierre Marty, jeune éditeur à Nonette près Saint-Germain-Lambron (Puy-de-Dôme) qui vient de rééditer très richement un ancien livre de cuisine auvergnate « Les Recettes de Margaridou » que nous aurons l'occasion de citer.

Pour les lentilles du Puy, nous empruntons l'érudition de M. André Alalain sur ces féculents.

« La lentille est le premier mets désigné dans la Bible. Le texte sacré parle sans précision des arbres et des fruits du jardin d'Éden. Il ne nous dit même pas si le fruit de l'arbre de la connaissance croqué par Ève était bien une pomme comme nous avons coutume de l'affirmer. Le pain est la première nourriture nommée : Gen-18-3. C'est la nourriture des nourritures.

« Puis vient la lentille. Esaü vend son droit d'aînesse pour un plat de lentilles ou, plus précisément, s'il faut s'en tenir à la traduction la plus courante, pour un potage aux lentilles. Il est difficile d'invoquer de plus hautes lettres de noblesse ! La lentille peut se dire le premier de tous les légumes.

« Et la lentille verte du Puy peut se proclamer la meilleure lentille du monde.

« Les qualités de notre lentille tiennent au climat et au sol.

« L'influence du climat sur la qualité des végétaux reste mystérieuse. Pour le sol il est évident que les terrains volcaniques ont de remarquables qualités.

« Des horticulteurs m'ont affirmé que les roses de nos rosiers ont des couleurs plus éclatantes et il est bien connu que les fruits d'Auvergne ont une saveur appréciée.

« La lentille verte du Puy, produit du Velay volcanique, est incomparable. M. Michel Pettex-Sabarot qui s'y connaît la décrit " petite et épaisse, d'un beau vert pâle irrégulièrement marbré de vert-bleu, marbrures qui lui donnent sa teinte vert foncé caractéristique ". Convenablement traitée, triée, débarrassée de toute impureté, la lentille constitue un plat de choix, un légume sec de haute saveur, nutritif et d'une digestion facile.

« Je pense que les gens du Velay ne font pas assez cas de la lentille qu'ils ont en abondance et considèrent trop souvent comme une nourriture grossière. La prisant peu, ils n'ont pas assez fait connaître ses mérites. La modeste lentille a manqué de publicité. Il n'est pas trop tard pour y remédier.

« A vrai dire tous les légumes secs sont l'objet d'un manque de considération assez général...

« Les pois cassés sont très négligés. Ils fournissent pourtant une savoureuse purée qui complète parfaitement un carré de porc ou ces saucisses plates appelées crépinettes.

« Les haricots secs baptisés " fayots " sont gratifiés d'un mépris agrémenté inévitablement de grosses plaisanteries inspirées par leur humeur « venteuse ».

« Mais si les haricots nous rappellent quelques souvenirs d'internat ou de régiment gastronomiquement peu agréables, il nous faut bien cependant leur rendre justice. Ils sont à la base du cassoulet, l'un des très grands plats de la cuisine française. Ils font une plantureuse escorte à une épaule d'agneau rôtie. En grains frais avec un pot de crème et une persillade, ils sont délicieux.

« La lentille a une distinction bien à elle. Que la vulgaire lentille jaune, mal cuite et maigrement garnie ne soit que brouet pour pension de famille bon marché, j'en conviens. Mais la noble lentille du Velay se prête à de riches préparations. En salade elle paraît avec les hors-d'œuvre et tient bien sa place. Elle accompagne admirablement le filet de porc rôti, les saucisses et le petit salé.

« Enfin on oublie trop que la purée de lentilles constitue un plat distingué qui peut accompagner fort dignement diverses viandes en commençant par le gigot d'agneau.

« La lentille offre donc de grandes ressources qu'il importe d'exploiter sérieusement. »

(André Alalain : « La Haute-Loire gourmande ».)

Pour ponctuer ce sage conseil, voici une recette de Roger Pestre :

LENTILLES VERTES DU PUY AUX COCHONNAILLES

Lentilles, carottes, oignons, gousse d'ail, un bouquet garni.

La lentille verte du Puy est un légume sain, nourrissant et bon marché. De plus les lentilles sont vite cuites et faciles à préparer.

Le label d'origine et de qualité est porté sur chaque paquet vendu au détail en sac de cellophane de couleur verte.

1. Mettre les lentilles déjà triées par la production dans de l'eau froide, trois à quatre fois le volume, avec carottes et oignons coupés en dés ou en bâtonnets, une gousse d'ail hachée, un bon bouquet garni. Laisser cuire sur le coin du feu dès que vous avez obtenu une forte ébullition. Les lentilles seront cuites au bout d'une demi-heure.

2. Vous pouvez soit les égoutter, alors à chaud, et leur incorporer soit crème fraîche, soit jus de viande, soit un velouté ou un beurre manié ; soit les rafraîchir et les assaisonner comme ci-dessus avec un velouté à base d'oignons et de lardons et petits dés de carottes. Les lentilles seront meilleures si vous les cuisez avec un morceau de porc, jambonneau, lard maigre, plat de côtes ou dés de lard maigre non fumé de préférence.

Il y a encore dans « La Haute-Loire gourmande » de M. Alalain des formules fort heureuses sur lesquelles nous ne pouvons, hélas ! nous étendre plus longuement ; par exemple ses justes éloges sur le plus rare et le plus fin de nos poissons de rivière, l'ombre, et ce légume trop méconnu qu'est la rave !

Heureusement, par contre, les amateurs apprécient particulièrement les multiples variétés de champignons qui prospèrent dans les prairies sauvages ou les massifs boisés du Velay. Voici justement une préparation familière extraite des recettes de Margaridou.

LES SAVOUREUX AUX MORILLES ou bien aux mousserons ou encore aux simples champignons. Avec des crêpes, salées cette fois, on prépare une entrée qui m'a valu plus d'un compliment. Le compliment est une monnaie qui ne ruine pas son propriétaire et lui vaut parfois quelques avantages. Mais il s'agit des Savoureux.

Faites autant de crêpes minces et unies que vous voulez servir de Savoureux. Un par personne, c'est un peu court, deux de l'exagération.

Par Savoureux comptez :

Une demi-tranche de jambon d'York, un large dé de lard maigre, cinq mousserons ou bien : quatre champignons de couche, ou bien : deux bonnes morilles.

Faites cuire dans le beurre vos champignons et assaisonnez-les. Pendant qu'ils cuisent hachez menu : le jambon, le lard et enfin après leur cuisson les champignons.

Faites une sauce Béchamel épaisse. Mélangez à cette sauce convenablement épicée le hachis. Lorsque le mélange est refroidi, goûtez-le : il faut au besoin y ajouter une pointe de noix muscade, sans insister sur ce renforcement d'épices qui ne doit pas prévaloir.

Étendez vos crêpes sur une planche, couvrez-les chacune de deux cuillerées de sauce sans aller jusqu'au bord de la crêpe qui doit, en se roulant sur elle-même, enrober cette dernière, de façon à imiter des croquettes.

Après avoir enrobé de panure de mie et de blanc d'œuf battu les Savoureux, vous les mettez sur une plaque, éloignés les uns des autres, à refroidir. Un moment avant de les servir vous les plongez dans un bain d'huile bouillante (huile d'olive).

Lorsqu'ils sont dorés à point sur toutes leurs faces, vous les égouttez et les dressez rapidement sur un plat en les séparant les uns des autres par une branche de persil.

(Les recettes de Margaridou, Éditions Créer à Nonette 63)

Sur les collines qui enchâssent Le Puy, il y avait jadis des vignobles qui produisaient un Piccolo fruité, amusant : le Vignard Ponot.

Celui-ci a définitivement disparu comme la plupart de nos vins de pays, pourtant si plaisants à boire entre amis.

Mais il ne faut point quitter la ville que domine la Vierge monumentale datant du Second Empire sans goûter ce gâteau « Célestine » créé par Célestin, du Puy, officier de bouche de Napoléon III.

LE VELAY RHODANIEN

Yssingeaux en est la capitale, dominée par le mont Mézenc à côté du mont Gerbier-de-Jonc, berceau de la Loire, voisinant avec la haute Ardèche au-dessus de la vallée du Rhône avec un climat déjà méditerranéen.

C'est une ville joyeuse qui depuis trente-cinq ans célèbre le printemps dans la liesse populaire d'un pittoresque carnaval avec la friture de Loire et la réputée charcuterie locale.

Yssingeaux, cernée de forêts imposantes où l'on cueille des myrtilles, des framboises et aussi ces juteuses et sombres mûres qui, en période de chasse, ont inspiré « le râble de lièvre aux mûres », est bien sûr une cité gourmande.

Outre ses brioches réputées, elle est la cité de cette cochonnaille étonnante.

LA JAMBONNETTE DU VELAY, dont voici l'authentique recette retrouvée par un gastronome clermontois, Pierre-Marcel Besson.

« Voici ce que j'ai pu recueillir sur la fabrication de la jambonnette. Il n'y a pas de secret. L'essentiel est de disposer de la couenne d'un cochon dont les soies ont été brûlées. On la découpe en rectangles, en triangles, puis comme on peut. On garnit les morceaux de chair à saucisse et on les coud solidement bord à bord avec de la fine ficelle. On obtient alors des jambonnettes, de formes diverses, rectangulaires, triangulaires. Mais la folklorique a l'aspect d'un petit coussin de couenne bien rembourré par ses garnitures de viande de porc, épaule, jambon, lard, hachées et finement assaisonnées. Elle se consomme suite à une vingtaine de jours de séchage après sa confection charcutière. » C'est ce que pense aussi le gastronome et grand artiste ponot André Jacquemin.

Voici sa réalisation culinaire par Roger Pestre.

JAMBONNETTE DU VELAY

Chair à saucisson ; peau de porc ; lard gras.

Ce n'est ni plus ni moins que de la chair à saucisson, cousue dans de la peau de porc sur laquelle on a laissé quelques millimètres de lard gras. La jambonnette est alors cuite dans un bon bouillon, assaisonnée de haut goût, refroidie dans sa cuisson et livrée à la consommation. Elle est alors coupée en tranches et peut se servir froide avec une salade de lentilles vertes du Puy, ou avec une salade de « rates » au vinaigre de vin et oignons. Chaude, elle est excellente avec les lentilles et les pommes et beurre frais.

Comme son nom l'indique, à l'origine la chair de jambon était cousue dans la jambe de porc ; elle avait alors une forme bien spéciale. Depuis l'industrialisation des méthodes, la jambonnette est cuite comme le jambon dans un moule cylindrique. Mais la jambonnette « cousue main » vous garantit une fabrication artisanale de bonne qualité et de goût du « bon vieux temps ».

Toutes les charcuteries de la Haute-Loire en ont à la vente. Mais, comme pour la dentelle du Puy, exigez l'authenticité du « cousu main ».

Par le Chambon-sur-Lignon réputé aussi par ses charcuteries variées, c'est dans le site de Moudeyres, près de Saint-Julien-Chapteuil, que Louis Farigoule, dit Jules Romains, a vu le jour en 1885. Pour les 80 ans de l'auteur des *Copains*, Raymond Pagès avait fêté en son village l'illustre académicien en offrant en son honneur un buffet campagnard vellave et somptueux, typiquement régionaliste, avec la jambonnette, la tourte de pain de seigle, les cochonnailles, les fromages du pays et un pétillant Saint-Peray de la voisine Ardèche.

A Moudeyres, il y a une excellente étape gastronomique à l'enseigne du « Pré Bossu » où le patron-chef Charles Grootaert mijote de délectables nourritures dans ses casseroles comme cette :

CANETTE AUX CERISES du Pré Bossu.

Temps de préparation : 1 h. Cuisson au four : rôtir 35 à 45'. Temp. du four : 220°/240°.
Ingrédients 6 personnes : a) 3 canettes ou 2 canards, 300 g de cerises ou griottes (dénoyautées). Zestes de 2 oranges et un citron blanchi. 2 tomates pelées et concassées. 50 g d'échalotes, 50 g de beurre.
b) 1 dl de jus d'orange, 2 dl fond brun de canard (ou volaille), 0,5 dl de Noilly dry, 1 dl de vin blanc sec, 1/2 dl de caramel au vinaigre de vin blanc. 1 trait de kirsch (eau-de-vie).
c) 6 barquettes en pâte brisée.
Préparation : videz et bridez les canettes.
Faites des incisions dans la peau (dégraisse mieux).
Faites-les rôtir (rosé) dans leur propre graisse au four pré-chauffé. Nappez-les régulièrement de leur graisse.
Entre-temps, préparez le caramel avec du sucre de canne et un bon vinaigre de vin blanc si possible ou vinaigre de cidre.
Préparez la sauce en étuvant les échalotes au beurre; à la fin ajoutez les tomates et faites-les fondre.
Déglacez avec le vin blanc, ajoutez le Noilly, le jus, le fond, le caramel et les zestes, faites réduire d'un quart et liez éventuellement avec un peu de fécule de maïs, ajoutez le kirsch et les cerises, donnez un coup d'ébullition.
Dressage et garniture : enlevez la peau des canettes, nappez un plat de sauce, dressez les canettes et remplissez les barquettes chauffées de cerises.
Servez éventuellement des pommes allumettes ou des nids de pomme paille remplis de cerises.

Il faut encore, dans ce secteur, retenir des enseignes dignes de l'intérêt des gastronomades. A Tence, le Grand Hôtel où Jean Placide a capté l'intérêt du guide Kléber avec son pain d'écrevisses et son pâté de grives.

A Pradelles-en-Velay où la patronne de l'Hôtel Bellevue triomphe dans la truite meunière et la gibelotte de lapin.

Jullianges, près de La Chaise-Dieu, organise en août un petit carnaval pour fêter le Sarrassou.

Cette spécialité est constituée par un « basbeurre » issu directement de la baratte fermière pour être dégusté sur de larges tranches de pain bis aillées, salées et poivrées, avec de bonnes rasades du gamay de l'Allier.

LA FAYETTE STORY ET LE SAUMON DE BRIOUDE

La haute vallée de l'Allier enchâssant le Velay entre le Cantal et le Puy-de-Dôme y confirme l'intégrité de ses attaches auvergnates. On y accède par un pèlerinage historique à Chavaniac-Lafayette où dans le château naquit le 6 septembre 1757 Marie-Joseph, marquis de La Fayette et général français, libérateur de l'Amérique en 1777.

Pour la célébration de ce bicentenaire historique, Raymond Pagès organisa en l'automne de 1977 : « Le La Fayette Day », une extraordinaire réception pour l'anniversaire du héros du pays, ce « héros de Plutarque » comme l'écrivit Stendhal. Cette grande journée fut aussi gastronomique dans le château de Chavaniac, avec plus de 200 convives que présidait l'ambassadeur des États-Unis, des ministres français, les descendants de la famille de La Fayette, les notables locaux.

Le menu typiquement régionaliste comportait un coq au vin de Chanturgues que l'Auvergne revendique comme un bien de famille. Et il y avait comme entrée du saumon de Brioude !

Brioude, cette sous-préfecture de la Haute-Loire, s'impose comme une métropole du saumon. Les plus adroits pêcheurs de l'univers s'y donnent rendez-vous en bonne période pour capturer ce salmonidé à chair subtile et rose.

L'Hôtel Moderne, 12, avenue Victor-Hugo, expose dans son hall les plus belles pièces prises dans la journée avant que le chef-patron Robert Delmas, assisté de son fils Patrice, ne les accommode de sa géniale façon. Delmas est un disciple de l'illustre Fernand Point, et son héritier, après avoir été lauréat de l'école hôtelière de Thonon, s'est aussi perfectionné à la Pyramide, à Vienne, près du chef Guy Thivard et de Mado Point. Cette coopération familiale de ces cuisiniers de Brioude harmonise une cuisine traditionnelle à des innovations plus hardies avec la tourte provençale au citron, la salade de queues d'écrevisses, le sandre aux herbes du Velay, l'escalope de veau à l'auvergnate à la crème et puis, surtout, le triomphe de l'Hôtel Moderne :

LES ESCALOPES DE SAUMON DE L'ALLIER AUX PETITS LÉGUMES (création de Robert Delmas).

Proportions : 4 escalopes de saumon de 200 g, 50 cl de vin blanc sec, 20 cl de fumet de poisson, 100 g de carottes, 80 g de blanc de poireau, 50 g de navets, 3 échalotes, 1 branche de céleri.
Préparation : Couper les légumes en fine julienne, hacher les échalotes et disposer le tout au fond d'une casserole beurrée. Assaisonner légèrement. Ajouter les escalopes et les recouvrir avec les légumes. Mouiller avec le vin blanc, le fumet de poisson, cuire à couvert 5 minutes (à partir de l'ébullition) et réserver les escalopes. Laisser réduire à glace le fond de cuisson, crémer et laisser réduire à nouveau jusqu'à la liaison souhaitée. Vérifier l'assaisonnement et servir très chaud.

Brioude possède la coopérative laitière de Richemonts qui, sous la direction de M. Courtinat, produit des fromages de la famille des bleus d'Auvergne, des fourmes, le « Savaron », fromage à pâte douce et onctueuse, et une crémeuse tomme de montagne du Velay qui a déjà conquis la carte des restaurants parisiens.

Les coteaux de l'Allier qui dominent la ville du saumon jusqu'à Langeac donnent des vins fruités et frais.

Ces gamays peu connus sont pourtant de vinification médiévale puisqu'un poète du début de notre ère les appelait les vins de « Benigna Brivas », c'est-à-dire les nectars de « Brioude la Douce ».

La Chaise-Dieu, outre son abbaye du XIVe siècle, cet autre haut lieu de la chrétienté, est recherchée par des amateurs plus profanes pour les écrevisses de ses ruisseaux et les champignons de ses sous-bois. Ceux-ci y croissent avec une si réelle abondance qu'ils justifient chaque automne « une foire aux champignons », ce qui motive de nouvelles recettes de mycologie aux maîtres queux, telle celle-ci de Roger Pestre de l'Hôtel du Cygne au Puy :

CIVET DE LACTÈRES DÉLICIEUX DU VELAY

Après avoir nettoyé les lactères et les avoir émincés en tranches épaisses, saler et faire suer dans un peu de beurre ou d'huile à feu très vif.
Par ailleurs, faire revenir au beurre quelques échalotes hachées finement. Ajouter un peu d'ail haché, de la moutarde forte de Dijon, de la tomate concentrée et un très bon vin rouge riche en degrés. Cuire la sauce ainsi obtenue quelques minutes, et y verser dedans les lactères bien revenus. Envoyer dans un plat creux avec persil haché généreusement saupoudré.
Prévoir 1/2 litre de vin par kilo de champignons, les autres ingrédients selon vos goûts.

LES TRUITES DES RIVIÈRES de Gaspard des Montagnes

Henri Pourrat, chantre amoureux de son Auvergne, y fait évoluer dans ses sites les plus divers et les plus caractéristiques son héros Gaspard des Montagnes, digne émule des plus illustres Arvernes.

Aussi le retrouve-t-on naturellement dans les profondes forêts de sapins de Sembadel au bord du lac de Malaguet, ou pêchant la truite sauvage dans les vallées de l'Arzon ou de l'Ance.

Craponne-sur-Arzon, dernière cité de la Haute-Loire dans ces lieux enchanteurs, est réputée pour ses gibiers, ses truites et un délicieux gâteau aux fruits. La cochonnaille y est aussi à l'honneur comme le prouve cette histoire de saucisses recueillie par Jean Didier, directeur du Guide Kléber.

Voici le texte authentique (orthographe y compris) d'une affiche apposée en 1876 sur les murs d'une commune de la Haute-Loire : « Le maire de la commune de N... prévient les habitants que tous ceux qu'ils ont des chiens ou des chiennes, il faut qu'ils soient muselés, sans quoi il sera jeté de la poison dans les reus, dedans des saucisses et il prévient que si les chiens ou chiennes ne mangent pas les dites saucisses les habitants pourront les manger pour ne pas que ça se perde, en coupant le côté droit des dites saucisses, là où ce qui est la dite poison, sans quoi y pourrait s'empoisonner. » Mais où donc se trouve la droite d'une saucisse?

PONTEMPEYRAT

au seuil du Forez, au cœur de la vallée boisée de l'Ance, le paradis enchanté des pêcheurs de truites encore indépendantes et des ombres délicats et translucides dans la plus limpide des rivières. C'est dans ce décor de douceur sylvestre et de fraîcheur aquatique que se niche la charmante auberge *Le Mistou*.

C'est un relais de campagne dans toute la qualité de cette définition, et si l'auberge *Le Mistou* ne fait pas partie de l'Association, c'est qu'elle fut classée en tête bien avant, dans une autre chaîne hôtelière, ayant été promue « Premier Logis de France » le 1er juillet 1948, par le Commissariat au Tourisme Français.

Cette distinction exceptionnelle à cette auberge nichée au bord de l'eau en son nid de verdure lui revenait de droit puisque depuis 1900 elle réjouit les gastronomades et les champions de la canne à lancer. Les demoiselles Best qui l'inaugurèrent à la Belle Époque l'auréolèrent très vite d'une flatteuse renommée d'excellente cuisine.

Cette réputation fut maintenue par leur successeur M. Bartet entre les deux guerres. Depuis 1966, le *Mistou* est devenu le temple d'une cuisine de femme avec sa patronne cordon-bleu Madeleine Alic-Roux. Sa gloire culinaire dépasse Pontempeyrat pour séduire les Stéphanois et les Lyonnais. Avec l'aide de son époux, M. Roux, elle a rénové cette hostellerie rurale sans amoindrir son caractère originel avec une quinzaine de chambres confortables que se disputent chaque été « les vacanciers ». Avec le Coq Noir du Kléber, les hommes de table et leur famille aiment à s'y retrouver pour s'y régaler de son feuilleté de saumon, de sa râpée de pommes de terre, de sa jambonnette aux lentilles, de ses escargots, de ses truites encore frémissantes, et des recettes de l'ancestrale Auvergne en honneur à sa carte, comme celle légendaire du

JAMBON BRAYAUDE

Piquer d'ail un gigot de mouton, après avoir retiré l'os. Saler, poivrer, barder largement et ficeler. Dans la cocotte, faire revenir quelques minutes avec saindoux, carottes, oignons émincés. Mouiller de bouillon à 1/2 hauteur avec bouquets et condiments.
A ébullition, couvrir et laisser à four doux pendant six ou sept heures.
Avant la fin, recouvrir de pommes de terre grossièrement émincées qui s'imprégneront de jus.
Servir accompagné de lentilles du Puy ou de choux braisés.

Le plus talentueux chroniqueur gastronomique de notre époque, notre cher et regretté Francis Amunatégui, écrivait au sujet de ce gigot : « Il faut expliquer ce mot de Brayaude qui évoque de célèbres tailleurs de pierres d'Auvergne qui portaient pour exercer leur métier commodément des pantalons très larges, " les braies " de leurs ancêtres les Gaulois. »

Après La Fayette, la Haute-Loire se devait d'annexer Vercingétorix.

LE FOREZ SA TABLE ET SES VINS

Géographiquement le Forez représente l'actuel département de la Loire. Il fut et demeure rattaché à la province du Lyonnais (ce qui est gastronomiquement la meilleure référence).

Dans les bois des myrtilles

Usson perpétue dans le Forez ce vallon boisé de la Vallée de l'Ance avec ses ruisseaux à écrevisses, ses marais coassant de grenouilles et ses bois de pins tapissés de mauves myrtilles jusqu'aux abords de la cité médiévale de Saint-Bonnet-le-Château.

Un seul chiffre dira l'importance de la cueillette des myrtilles : il s'en ramasse actuellement dans les monts du Forez pour environ un million de francs par an.

C'est surtout depuis une trentaine d'années que la vente de ce fruit s'est développée. Si, en 1969, la production annuelle de myrtilles s'élevait à environ 1 500 tonnes, cette production s'établit maintenant, suivant une moyenne établie sur 1974 et 1975, à environ 5 000 tonnes, dont la plus grosse partie vient d'Auvergne.

Les monts du Forez produisent, à eux seuls, 250 à 300 tonnes par an.

L'augmentation de la production tient surtout à une augmentation de la cueillette, provoquée par une demande de plus en plus importante.

Si 10 % de ces fruits sont destinés à la consommation en frais, confitures de la grand-mère ou tartes aux myrtilles, 90 % vont à l'industrie pour ses confitures, ses gelées, ses sirops, ses colorants. Mais aussi pour ses produits pharmaceutiques qui motivent une demande importante ; la myrtille aide à voir clair la nuit.

Des cueillettes sauvages :

La cueillette des myrtilles concerne 3 000 à 4 000 personnes dans la zone la plus haute des monts du Forez. Elle constitue, pour un nombre important de petits agriculteurs de cette région où l'on sait que la vie n'est pas si facile, un revenu complémentaire non négligeable qui, pour certains, peut aller jusqu'à un quart de leur revenu global.

Mais l'intérêt de cette cueillette a obligatoirement mené à des abus. Pour s'assurer une meilleure cueillette, on essaie de passer le premier. On arrive à passer avant que le fruit soit mûr, parfois trois semaines avant.

Et pour cela arrivent d'Auvergne des caravanes entières de voitures qui, en quelques heures, font la razzia sur un secteur.

On a même vu des équipes venir en camion, et de nuit, pour ramasser des myrtilles avant la maturité.

Contre cette piraterie forestière, à la demande de plusieurs communes intéressées, le Préfet de la Loire a pris, voici quelques années, un arrêté qui, se référant aux incidences écologiques du problème de la préservation des myrtilles, fixe au 10 août la date d'ouverture de la cueillette de ces baies.

En pâtisserie les myrtilles ne se limitent pas aux confitures ou aux tartes traditionnelles. Elles ont inspiré le génie de merveilleux chefs comme les frères Troisgros que nous retrouverons plus longtemps à Roanne. Une pittoresque recette qui n'est pas la moindre originalité de leur livre de cuisine récemment paru aux Éditions R. Laffont dans une collection gastronomique sous la direction de notre confrère de l'*Express* Claude Lebey.

GOUIRE AUX MYRTILLES DANS LA FEUILLE DE CHOU - TROISGROS

Temps de préparation : 25 minutes. Temps de cuisson : 20 minutes.
1. Choisir deux belles feuilles de chou, retirer les plus grosses côtes et les blanchir 10 minutes à grande eau légèrement salée.
2. Préparer l'appareil suivant : dans une jatte, mélanger les œufs, la farine, le sucre, la crème et passer le tout au chinois fin.
3. Trier les myrtilles en prenant bien soin de retirer les feuilles ou les petites branches.
Cuisson : chauffer une poêle en fer de 20 cm de diamètre environ.
Faire fondre le beurre à l'intérieur et rouler les feuilles de choux dedans avant de les étaler sur le fond et les bords.
Garnir avec les myrtilles et verser l'appareil dessus.
Cuire au four à 170° pendant 15 minutes, retirer et terminer sur le feu la cuisson du chou qui doit prendre une belle couleur dorée, ce qui se voit en soulevant légèrement avec une spatule.
Dresser sur un plat en laissant glisser le clafoutis doucement. Attendre une quinzaine de minutes et manger chaud.
(Cuisiniers à Roanne — Robert Laffont.)

A l'ombre auguste du Pilat

Ce massif montagneux dont le parc naturel assure les promenades dominicales des Stéphanois, des Lyonnais, voire de touristes plus lointains, domine les vallées du Gier et de la Loire.

Saint-Genest-Malifaux sur ses pentes englobe le village de Planfoy où le talentueux Charles Exbrayat, en bon fils de Saint-Étienne, œuvre dans sa champêtre thébaïde. Auteur dramatique, romancier qui, seul dans le genre policier, écrit un français impeccable, sans grossièretés mais avec un humour certain, Exbrayat est un expérimenté gastronome ayant été le Président fondateur de la Fédération internationale de la Presse gastronomique et touristique.

Charles ne dédaigne pas de saisir la queue de la poêle quand un de ses amis vient le surprendre. Sa préparation préférée est la râpée de pommes de terre, en honneur dans toute la vallée de la Haute-Loire de Saint-Étienne au Puy et que les Lyonnais ont adoptée sous le nom de « crique ». Une bonne cuisinière du côté de Langeac-en-Velay, Mme Marinette Vacheron, régale à Lyon à l'enseigne du *Râtelier* 83, cours Charlemagne les connaisseurs avec ses :

CRIQUES DU GÉVAUDAN

Pour 4 personnes : passer à la râpe 800 g de pommes de terre crues (le plus finement possible) et bien mélanger 4 jaunes d'œuf, une pincée d'ail pilé, une cuillerée à soupe de ciboulette, une cuillerée à soupe de persil et deux fines tranches

de jambon cru d'Auvergne, coupées en julienne. Saler légèrement, poivrer. Étaler la préparation dans une poêle ronde dans laquelle on aura fait fondre 50 g de beurre avec 3 cuillerées à soupe d'huile. Faire cuire à feu mi-doux ce gros mate-faim d'environ 2 cm d'épaisseur (12 minutes de chaque côté). Servir chaud, tel quel, ou accompagné d'une salade croquante (pissenlits en saison).

CHAVANAY

qui surplombe le fleuve de Mistral au-dessus de Condrieu, produit des vins des cépages Viognier et Syrah qui les rattachent aux côtes du Rhône.

RIVE-DE-GIER

dans la vallée industrielle qui lui donne son nom, la réputation gourmande du restaurant *La Renaissance*, dans un cadre élégant, contraste avec l'environnement usinier. Le chef Gilbert Laurent vous suggère sa salade de foie gras, son lavaret meunière, son pigeon en ballottine avec des vins du pays. Grande classe.

FIRMINY

En plein centre de la ville, l'Hôtel-Restaurant à l'enseigne du « Pavillon » est le fief de l'admirable famille Fouant-Cartal. Le fils, Jean-Paul Cartal, est aux fourneaux, où il fait des étincelles en sa qualité d'ancien élève de Paul Bocuse, et sa sœur, Danièle Carré-Cartal, a remporté le titre de « Meilleur sommelier de France » 1978.

Saint-Étienne et son chocolat enrubanné !

Si la préfecture de la Loire a perdu les gueules noires de ses houillères, elle demeure une capitale gastronomique du Forez. Outre la légendaire râpée, on y revendique des mets typiques, comme la sanguette de poulet, la fricaude (ragoût d'abats de porc) et une sorte de « Pauchouse de Loire » faite avec les poissons du fleuve qui assure en plus les délices du pâté de saumon et des quenelles de brochet.

Le chocolat qui s'adapte à l'élégance du ruban de Saint-Étienne est aussi une délectable spécialité de la ville ; les Chocolats Weiss, 8, rue du Général Foy, depuis plus d'un siècle, assurent cette renommée. C'est en effet en 1860 que le confiseur Giraud créa la maison qui prit toute son expansion en 1882 avec un artiste chocolatier, Eugène Weiss. Depuis 1919 la chocolaterie Weiss est passée sous la dynamique direction de la famille Margainne qui l'a industrialisée en gardant ses qualités fondamentales grâce à ses réputées nougatines, nougastelles, griottes, etc. Devant ce succès, l'actuel patron de Weiss, Pierre Margainne, a dû ouvrir une succursale à Lyon et une boutique au Palais des Congrès à Paris.

La galerie du Forez est une création sucrée de l'excellent chef pâtissier P. Polté, 32, rue Gambetta à Saint-Étienne qui, avec deux de ses collègues, a voulu faire un gâteau spécifiquement stéphanois. C'est une galette dans une fine pâte de brioche recouverte d'une onctueuse crème d'amandes imbibée de rhum vieux. Un gâteau d'une délicieuse rusticité.

A noter qu'à Lyon, un des princes de la pâtisserie n'est autre qu'un Stéphanois : Vital Pignol.

Le restaurant *La Cigogne*, 7, rue François-Gillet, est une des très bonnes enseignes de Saint-Étienne grâce à la maîtrise au fourneau de son chef-patron Jacques Arquier qui, enfant de Carcassonne, y a fait sous un panonceau et un décor alsacien une cuisine qui résume ses multiples origines, de la choucroute de Colmar au jambonneau aux lentilles du Puy en passant par le cassoulet, ce qui lui a valu d'être lauréat de la Poêle d'Or.

Gillet, Le Grand Hôtel, 1, rue Vallette. Nous retrouvons avec plaisir comme responsable de la cuisine de cet hôtel stéphanois Robert Gillet, disciple et gendre du bon chef Perronet du *Chapeau Rouge* à Feurs dont il continue les formules heureuses du gratin forézien, du poulet au vinaigre, du feuilleté de ris de veau.

La Brasserie *Les Colonnes*, 17, place Jean-Jaurès, où M. Georges Cherbland a inventé le « givro-verre », et où le chef Henri Guette fait du bon travail.

Le Bouchon, 7, rue Robert, où Yves Lejeune se défend aussi bien à la télévision qu'à ses fourneaux...

SAINT-PRIEST-EN-JAREZ

Le Clos Fleuri dans cette banlieue de Saint-Étienne est assurément un haut lieu de la gourmandise forézienne, cela par l'apostolat culinaire du maître des lieux, Pierre Gagnaire, disciple du grand chef lyonnais Vignard, qui vient de succéder à son père Jean Gagnaire qui fut l'assistant de Coudol au *Lion d'Or* à Montbrison. Ce jeune maître queux accentue la réputation donnée à leur auberge champêtre par ses parents, avec de hardies innovations comme le jambon demi-sel chaud du Forez, la nage safranée d'écrevisses, le navarin de homard au basilic, le feuilleté de légumes à l'ail, le canard aux poires. Vraiment une belle étape près de la route bleue, celle du paradis des gastronomes.

Les bénéfiques sources foréziennes

Sans avoir des milliers de sources d'eaux minérales comme sa voisine Ardèche, le Forez possède un important patrimoine thermal :

Saint-Galmier en est la station la plus réputée.

Longtemps les Lyonnais coupaient les risques du beaujolais de rasades de la Source Couzan-Brault, mais celle-ci est détrônée par la Badoit universellement sollicitée pour sa légèreté pétillante et digestive reconnue par le savant Pasteur.

Connue à Saint-Galmier depuis des temps très anciens — des bains romains ont été découverts au cours de fouilles — l'eau de Badoit était déjà prescrite au XVIIIe siècle par les médecins locaux.

En 1837, Saturnin Badoit, fermier des sources de la ville, commença à l'embouteiller et à la commercialiser. C'était la première fois qu'une eau minérale était embouteillée industriellement pour être vendue.

Sa réputation alla grandissante et, en 1857, la source expédiait 1,5 million de bouteilles par an et 25 millions en 1910.

Aujourd'hui, Badoit vient au 7e rang des sources françaises avec 50 millions de bouteilles vendues en France et dans plusieurs pays étrangers.

Situé sur un plateau de verdure dominant de larges horizons, Saint-Galmier est un site des plus agréables. Les vertus stomacales de ses eaux permettent de s'y livrer aux plaisirs de la table.

A l'*Hôtel de la Poste*, où le cordial patron Vaganay excelle dans la mousseline de brochet au beurre d'écrevisses et la volaille de Bresse demi-deuil en buvant un frais Gamay des coteaux de Montbrison.

MONTROND-LES-BAINS est, sous les imposants vestiges de son château du XIVe siècle, une station hydrominérale dont les sources salvatrices guérissent les hépatiques et les goutteux.

C'est à l'*Hostellerie de la Poularde* plutôt qu'à l'établissement thermal que se soignent, au péril de leur foie, les épicuriens avisés de passage en ces lieux. Il est vrai que le régime que leur suggère l'excellent chef patron Joannes Randoing n'a rien à voir avec les restrictions prescrites par les esculapes locaux. Contrairement à leurs ordonnances la carte de la Poularde incite ces curistes indisciplinés à tout l'optimisme des joies de vivre, avec la compote de lapereau à la prune, la terrine d'écrevisses en gelée de cerise, le ragoût d'escargots, l'agneau du pays flanqué du gratin forézien. Voici bientôt deux décennies que ce maître queux, consciencieux et audacieux, formé à la sérieuse école des toques blanches lyonnaises, a fait de sa Poularde du Forez un aigle de la gastronomie internationale. Il y est secondé par son gendre, le remarquable pâtissier Gilles-Jean Étéocle, disciple digne des frères Troisgros qui fut un brillant finaliste à Lyon du concours de la Poêle d'Or 1972 avec sa poularde au Viognier, qui est toujours sa spécialité sous la référence d'Anne d'Urfé, dont voici le secret :

POULARDE ANNE D'URFÉ (frère d'Honoré)

Une poulette de 1,700 kg, 100 g d'échalote, bouquet garni, une gousse d'ail écrasée, fond de volaille, 1/2 bouteille Viognier de Condrieu, 3/4 litre crème fraîche, 200 g riz, 250 g beurre, 500 g mousserons ou charbonniers, 16 écrevisses pattes rouges, sel, poivre du moulin, une pincée de cerfeuil.

1. Couper la volaille en 7 morceaux + 2 de la carcasse.

2. Prendre un sautoir, tomber la volaille au beurre couleur blond, lui incorporer échalote et bouquet garni, faire suer et mouiller avec cognac Viognier ou champagne et laisser cuire lentement avec couvercle.

3. Cuire les écrevisses, en décortiquer 12, garder 4, retrousser, faire tomber les champignons avec beurre, frire en laissant réduire la cuisson.

4. Faire tomber au beurre les 12 queues d'écrevisses.

5. Ajouter la crème à la poulette sur plat, laisser mijoter jusqu'à cuisson complète.

6. Décanter les morceaux de la poulette sur plat, beurrer, mettre dessus champignons et écrevisses décortiquées.

7. Finir la sauce, la rendre onctueuse avec le beurre, rectifier l'assaisonnement et verser cette bonne sauce sur la poulette.

8. Mettre autour les 4 écrevisses, retourner, pincée de cerfeuil, servir chaud — riz créole à part.

Avec Viognier (Vin de Condrieu).

Et puis voici par ce duo de cuisiniers-magiciens Randoing-Étéocle, la formule de ce plat typiquement de la région :

Collection d'outils en Forez (collection privée).

LE GRATIN FORÉZIEN DE LA POULARDE

Pour 8 personnes : 2 kg pommes de terre (Bintje), 2 litres crème fraîche du Forez, 250 g gruyère, 100 g beurre, une gousse d'ail, sel et poivre du moulin.
Émincer les pommes en rondelles de 2 cm, les laver, les égoutter, les sécher au torchon, les assaisonner et les faire tomber avec 75 g de beurre dans un sautoir, mouiller à la crème, bien faire bouillir, rectifier l'assaisonnement, mettre un papier beurré dessus et faire cuire au four au bain-marie pendant 1 h 30.
Au fond d'un plat à gratin de 8 personnes, passé à l'ail, beurré, mettre une première couche de pommes de terre, une couche de gruyère, une couche de pommes de terre et une couche de gruyère.
Faire gratiner à bon four à 100°, 1/2 heure et déguster bien chaud. Accompagner de bonnes viandes et gibiers.

Faut-il préciser que la carte des vins de l'*Hostellerie de la Poularde* est égale à l'écriteau des mets avec tous les grands millésimes mais aussi ces joyeux et frais Gamays des coteaux du Forez et bien sûr les précieux Viogniers des côtes du Rhône, de Condrieu et de Château-Grillet.

Montbrison capitale de la Fourme

La fourme du Forez englobe en double appellation la fourme d'Ambert et la fourme de Montbrison. C'est un persillé à lait entier, de forme cylindrique. Ce sont les mêmes fromages, nous enseigne M. Bruno Pampagnin, directeur de la Société laitière du Forez à Savigneux qui en est le grand producteur et nous précise que : le berceau de la Fourme se situe dans les monts du Forez.

La fourme était fabriquée par les paysans de cette région. Lorsqu'elle était vendue au marché d'Ambert, elle se dénommait « fourme d'Ambert » et lorsqu'elle se vendait au marché de Montbrison, elle se dénommait « Fourme de Montbrison ».

C'est pourquoi le label d'appellation donne droit à apposer sur cette fourme toujours fabriquée dans l'aire géographique définie à deux étiquettes, soit : fourme d'Ambert, soit : fourme de Montbrison.

D'après les annales foréziennes, l'origine de la fourme remonte aux premières époques de la féodalité, vers les VIIe - IXe siècles. Nous retrouvons une preuve irréfutable qu'au IXe siècle la fourme était fort appréciée. La commune de La Chaulme possède une ancienne chapelle féodale où l'on remarque sur la muraille, au-dessus de la porte d'entrée, sept pierres taillées assez bien conservées, appelées pierres dîmales. Elles représentent le beurre et le saucisson, le jambon, les œufs, le foin, les céréales et la fourme que le serf devait fournir chaque année au seigneur châtelain pour s'acquitter de la dîme. La pierre dîmale représentant la fourme ne peut prêter à interprétation, tant cette dernière est bien rendue.

Le maréchal de Turenne a célébré la fourme avec réalisme en disant : « Dieu est avec les gros bataillons, surtout quand ses soldats ont un morceau de fourme dans leur gibecière et la gourde bien remplie. »

LA FABRICATION :

La fourme est de plus en plus rarement fabriquée dans la jasserie, bâtisse posée tout à plat sur le sol, aux murailles s'élevant à moins de 3 mètres, possédant un toit de paille et pour toute ouverture deux portes et quelques fenestraux.

Les premières laiteries fromagères ont été installées sur la zone de production qui comprend la totalité des départements de la Loire et du Puy-de-Dôme et quatre cantons du département du Cantal, et datent du début du siècle.

Le matériel employé pour la fabrication de la fourme fermière est rudimentaire : un récipient en bois de forme tronconique « la bâte », une rondelle en bois, ajourée, pourvue d'un manche utilisé pour le brassage « l'afrénial ». Le caillé est rassemblé au fond et au centre de la bâte avec une longue planchette, « la menole ». Ce matériel est complété par une table d'égouttage des moules d'un format défini 13 cm × 20 cm, des seilles (seaux en fer-blanc), des pots de terre... L'orgueil de la fourmière est de tenir très propre tout ce matériel.

La technique fermière est toujours observée dans l'ensemble, mais avec une adaptation industrielle d'abord empirique puis savamment pensée par les laboratoires de recherche fromagère.

Pour défendre ce produit naturel de nos montagnes parfumées, dont la flore spéciale et odorante en fait un véritable cru de haute qualité, les fabricants se sont regroupés au Comité interprofessionnel et interdépartemental de la Fourme d'Ambert et de Montbrison dont le siège est à la Chambre de Commerce et d'Industrie d'Ambert.

Agréablement située au pied des monts foréziens dont elle touche les premières vignes en bénéficiant des champignons de ses bois et des écrevisses de ses ruisseaux, Montbrison offre toutes les félicités d'une étape gourmande.

L'*Hostellerie du Lion d'Or*, 14, quai des Eaux-Minérales, maintient sous l'autorité de M. Cherlouquet la réputation de bonne table que lui avait acquis l'ancien patron, l'excellent cuisinier Coudol, qui soignait les spécialités régionales avec le coq au vin à l'auvergnate, le potage aux écrevisses ou les « savoureux » qui sont des crêpes au jambon, aux mousserons ou aux morilles.

Château de la Bastie d'Urfé (Loire).

Dans les vignes de l'Astrée

BOEN-SUR-LIGNON

est le centre viticole des vins des coteaux du Forez. Les premiers ceps s'en accrochent au-dessus de Montbrison et la vigne s'étend jusque vers Noirétable et Saint-Germain-Laval, où l'on peut, dans cette dernière localité, déguster les crus locaux à l'*Auberge des Voyageurs* avec la plaisante cuisine du chef Jacques Girosec.

Boën-sur-Lignon a fondé pour les touristes amateurs un caveau de dégustation des vins de ses vignerons à Trelins, à proximité de la Bastie d'Urfé qui fut le château d'Honoré d'Urfé dominant la vallée du Lignon, vers 1580. C'est donc au cœur des vignes foréziennes que médita l'auteur de « l'Astrée » qui devait déjà en apprécier la vendange autant que le charme du paysage.

Rien ne vaut le terroir même de sa naissance pour apprécier le caractère d'un vin. Aussi, pour déguster les Côtes du Forez dans toute leur plénitude, le meilleur est bien de venir à Boën-sur-Lignon. Les hôtels familiaux de cette petite cité et le confort de son terrain de camping vous permettront de passer un week-end ou des vacances... dont vous vous souviendrez.

L'originalité de ce pays de l'Astrée qui monte en gradins des bords de la Loire à 300 mètres d'altitude jusqu'aux monts du Forez qui culminent à plus de 1 600 mètres vous offre une gamme très large de sites variés et attachants. Des châteaux, depuis l'antique forteresse millénaire de Couzan jusqu'à cette perle de la Renaissance qu'est la Bastie d'Urfé, de vieilles églises romanes aux curieuses sculptures. De pittoresques villages sont là, sans artifices, pour vous accueillir et aiguiser vos découvertes.

Le Gamay, plant noble, est implanté depuis des temps très anciens sur les côtes du Forez. L'Histoire en témoigne dès l'an mil, au temps où les sires de Couzan s'apprêtaient aux Croisades. Il a versé sa gaieté aux temps fleuris de la Renaissance quand le juriste Papon savourait la vie en son manoir de Goutelas et que Monseigneur Honoré d'Urfé fêtait à l'italienne ses hôtes de la Bastie.

Aujourd'hui encore les vieux ceps se tordent sur les pentes comme sur les coteaux pierreux parmi l'épine noire.

Il donne un vin tonique, à goût de silex et framboise, accompagnement merveilleux des produits du pays : fourme du Forez, fromage de haulte graisse, sabardin, renaison, noix et chèvretons.

Ce vin, on peut le déguster presque sur le vignoble en des étapes propices. A Marcilly-le-Châtel, dans l'auberge paysanne de « la Cézarde », vous découvrirez des mets typiques :
le bitords, saucisson cru forézien ;
le sabardin, saucisson genre sabodet à cuire ;
la fricassée de cochon et les fromages de chèvre avec ces vins frais et juteux du pays. Honoré d'Urfé estimait non seulement les crus de ses vignes, mais fut au XVIIe siècle, outre le premier romancier de notre littérature, un gastronome accompli. Il fut initié à l'art de la table par sa seconde épouse, Diane de Châteaumorand, qui était marquise du Valromey-en-Bugey, chasseresse adroite et cordon-bleu émérite. A ce double titre elle a laissé à la postérité une étonnante recette de civet de lièvre très appréciée plus d'un siècle plus tard par son non moins illustre compatriote Anthelme Brillat-Savarin, dont l'héritier épicurien Lucien Tendret a transmis le secret dans *La Table du Pays de Brillat-Savarin* (récemment réédité par Jacques Grancher).

LE CIVET DE LIÈVRE DE DIANE DE CHATEAUMORAND

Dépouillez et videz le lièvre, placez-le dans un vase assez grand pour le contenir, arrosez-le d'un verre de vinaigre de vin, d'un demi-verre d'huile d'olive, ajoutez du sel, du poivre, un bouquet de thym et un oignon coupé en rouelles. Mettez en réserve le foie noir et le sang soigneusement recueilli.
Retournez souvent le lièvre dans sa marinade et attendez au moins douze heures avant de le cuire.
Hachez ensemble un oignon, 25 g de lard gras et frais, coupez le lièvre en morceaux et mettez le tout dans la terrine noire avec 70 g de beurre frais.
Après vingt-cinq minutes de cuisson, les morceaux de viande auront une teinte gris-blanc et auront rendu leur mouillement; saupoudrez-les de 30 g de farine, faites mijoter pendant vingt-cinq minutes et remuez souvent.
Répandez dans la terrine une cuillerée à pot de bouillon de bœuf et une égale quantité d'excellent vin rouge, salez, poivrez, et faites cuire pendant encore trente-cinq minutes.
Avant l'achèvement de la cuisson, pilez le foie noir, réduisez-le en purée fine et délayez-la en y versant la marinade dont on aura retiré le thym et l'oignon.
Mêlez le sang à cette préparation, passez-le au tamis, et cinq minutes avant de servir incorporez-

le au civet : faites bouillir. Goûtez la sauce, si elle est fade, assaisonnez-la d'un filet de vinaigre suivant le précepte de Martial :
« Nec cibus ipse juvat morsu fraudatus aceti. »
« Le mets n'a pas de saveur s'il y manque une pointe de vinaigre. »
Terminez par l'addition d'une cuillerée d'huile d'olive.
Le civet peut être fait la veille du jour où il doit être mangé ; il est meilleur après avoir été réchauffé. Sa succulence dépend de la qualité du lièvre et de la quantité du sang recueilli ; la couleur du ragout doit être celle du bon chocolat cuit à l'eau.

Les Gamays des coteaux du Roannais

Les monts du Forez et de la Madeleine font suite aux monts du Velay pour séparer le bassin de la Loire du bassin de l'Allier. C'est sur les pentes de cette montagne de la Madeleine que prospèrent les ceps du Gamay des coteaux roannais.

Ce vignoble encercle l'ancien royaume des « Ducs de Roanne » institué par Charles IX et s'étend des bords de la Loire à la Pacaudière en passant par Renaison et Ambierle dans ses appellations les plus appréciées.

C'est grâce d'ailleurs à l'extrême courtoisie de Maurice Lutz, maître-vigneron à Ambierle, cité doublement célèbre par les admirables vitraux de son église du XVe siècle et par la qualité de ses crus, que nous avons recueilli l'histoire de ce Gamay local dit Saint-Romain à jus blanc, frère du Gamay du Beaujolais.

Il produit un vin léger, fruité, frais et souple « que l'on peut boire à sa soif » comme disent les Lyonnais. M. Lutz nous a communiqué une petite étude établie par l'Association Viticole Roannaise, fort instructive sur sa production.

« Les documents écrits relatifs au premier millénaire de notre ère sont extrêmement rares ou manquent totalement, il n'est donc pas possible d'affirmer l'existence et de fixer l'importance des vignes couvrant en partie la côte roannaise vers l'an 1000. Toutefois, nous savons bien qu'après la conquête romaine, la culture s'en étendit assez vite sur presque toute la Gaule ; on peut donc penser que la région de Rodumna avec son gué, point de traversée de la Loire de Lyon vers l'Océan, dut planter de bonne heure sur ses coteaux les ceps qui prospéraient depuis longtemps sur les bords du Rhône et de la Saône, jusqu'en Bourgogne.

« En 970, nous apprend une charte du Cartulaire de Savigny, un prêtre du nom de Leutard donna à l'Abbaye de Savigny une villa plantée de vignes du nom de Villaris. Déjà Villerest, commune des côtes roannaises, était célèbre par ses vins. »

La vigne est très anciennement cultivée sur tout le territoire viticole des côtes roannaises. Les preuves d'ancienneté de ce vignoble sont assez nombreuses et précises pour qu'il nous soit possible de fixer sur un plan cadastral les lieux-dits couverts de vignes du Moyen Age, à la fin de l'Ancien Régime. Ainsi en a-t-il été fait pour la commune de Saint-André-d'Apchon sur le plan d'ensemble ci-joint, grâce aux recherches historiques de Maître Veuillet, magistrat et propriétaire à Saint-André-d'Apchon. Sans relater les légendes incontrôlables, en nous attachant strictement aux documents certains comme les Chartes du Forez, les registres paroissiaux, les archives de la Bibliothèque de Roanne, nous pouvons établir l'antériorité de ce vignoble, exposer la continuité de la culture de la vigne, revoir le commerce des vins et leur acheminement à Paris ou dans les autres régions françaises. Les cours des vins sont déjà cités en 1439, puis au XVIIIe siècle de 1737 à 1789 et cela année par année. Nous retrouvons les cours sous la révolution au XIXe siècle et au début du XXe. L'évolution des surfaces en vignes, depuis le premier Empire jusqu'à nos jours, est montrée d'après les documents cadastraux.

Cette aire de production importante a pu, sans discontinuer, maintenir ses ventes de vins sur Paris depuis le Moyen Age grâce à la qualité de ses crus. Anne d'Urfé ne disait-il pas, en 1606, dans son livre « Description du pays de Forez » : « Le Pays de Roannais produit toutes choses bonnes à perfection, soit fourmants, seigles, avoines, foins, vins » ?

Toute vérité qui se constate sur place.

A RENAISON

au cœur des vignes le chef Jean Lavialle réalise une bonne cuisine régionale en son *Hostellerie Jacques-Cœur*, route de Vichy, avec sa terrine de grives à l'ancienne et son poulet Jacques Cœur en souvenir du grand argentier du roi Charles VII.

A RIORGES

au *Marcassin* dans un site ombragé, le probe maître-queux Jean Farge, président de l'Amicale des Restaurateurs du Roannais, y maintient aussi les traditions culinaires. Il fut formé par l'excellent Péronnet du *Chapeau Rouge* à Feurs dont il a gardé la science du poulet à la diable et aux grenouilles sautées. Selon son enseigne, M. Farge excelle dans le gibier en saison de chasse avec le cuissot de sanglier bien sûr, mais avec son lièvre à la Saint-Maurice mariné et saucé au champagne. Voici, en considération des voisins élevages de bœufs charolais de la Bénisson-Dieu, une recette de circonstance de cet excellent chef.

ENTRECOTE PAILLARDE (création de Jean Farge)
Faites cuire en sautoir, avec du beurre, une belle entrecôte, puis la retirer au point de cuisson désiré. Dégraisser le sautoir, faire revenir des échalotes ciselées dans le beurre de cuisson, déglacer avec un peu de vin blanc sec, mettre une cuillerée à café de moutarde savora et deux de moutarde forte de Dijon, crémer légèrement, saupoudrer de persil haché, rectifier l'assaisonnement et napper l'entrecôte avec la sauce obtenue.

CHARLIEU

à la frontière du Haut Beaujolais, centre rural réputé pour ses bœufs, ses porcs, ses chevaux, l'est aussi par une charcuterie opulente. Sa réputation repose notamment sur une délicieuse andouille. Notre regretté Paul Lacombe, enfant du pays, en mijotait avec tendresse à la carte de son réputé restaurant *Léon de Lyon*. Son fils Jean-Paul continue en cette bonne et lyonnaise enseigne cette recette paternelle :

L'ANDOUILLE DE CHARLIEU

Faire mariner des fraises de porc bien nettoyées dans un bon vin blanc sec avec un très copieux assaisonnement.
Laisser cette marinade s'imprégner pendant 24 heures.
Faire cuire les fraises de porc pendant 7 heures à feu doux. Cuites, les embosser dans de gros boyaux de cochon et laisser sécher.
L'andouille de Charlieu se mange froide. Elle constitue un « royal mâchon » comme petit et matinal déjeuner.

Roanne ou l'apothéose gastronomique

Cette capitale de l'ancienne Rodumna des Ségusiens est présentement une Mecque de la gastronomie mondiale où tous les croyants des joies épicuriennes viennent de tout l'univers faire leur dévotions, serviette au cou, ceci pour assister à la gourmande liturgie de Jean et Pierre Troisgros, cuisiniers à Roanne, selon le titre de leur ouvrage publié récemment chez Robert Laffont.

Claude Lebey, qui en assure la présentation, évoque la prodigieuse ascension de ces étonnants maîtres queux en évoquant leurs sympathiques parents que notre privilège de Lyonnais nous avait fait découvrir avant lui, avant-guerre. C'était en 1938, les fascicules bleus de l'heure de l'Anschluss nazi annonçaient aux Français une proche mobilisation générale. Le moral était assez bas à Lyon à l'heure du beaujolais vespéral, quand un optimiste suggéra : « Ne nous laissons pas abattre, allons dîner à Roanne, à l'*Hôtel des Platanes*, il y a une formidable cuisinière. » Ainsi fîmes-nous la connaissance de l'admirable Marie Troisgros, tandis qu'en ces heures graves son époux Jean-Baptiste débouchait jusqu'à l'aurore ses meilleurs bourgognes.

Dans son livre, Claude Lebey raconte comment Jean-Baptiste et Marie Troisgros quittèrent leur Bourgogne natale en 1930 pour s'installer face à la gare de Roanne en un modeste hôtel avec restaurant de table d'hôte. Mais le savoir culinaire de la maman Troisgros et les dons de sommelier de son époux les obligèrent rapidement à des aménagements sérieux pour recevoir l'élite de la gourmandise lyonnaise et stéphanoise.

Ce succès les incita à aiguiller leurs deux fils, Jean né en 1926, Pierre en 1928, dans les vignes de la côte chalonnaise dans le merveilleux métier de cuisinier.

Une bonne étoile voulut qu'ils aient comme compagnon de formation, tant à Paris chez Lucas Carton, qu'à Vienne chez le débonnaire Fernand Point, Paul Bocuse, ce qui explique leur affection fraternelle née devant les fourneaux. Depuis, Marie Troisgros a été élue au paradis des Saintes Mères de la Cuisine et plus récemment Jean-Baptiste s'en allait s'asseoir à la droite de Bacchus dans l'olympe des Bons Vivants.

Jean et Pierre avec leurs épouses ont transformé la maison en une féerique hostellerie où ils perpétuent l'apostolat culinaire et vineux de leurs parents, celui-ci consacré par les enviées trois Étoiles du Guide Michelin et le Coq Rouge couronné du Guide Kléber.

Dans leur ouvrage de recettes originales, les frères Troisgros ont évidemment sélectionné ces créations à qui ils doivent leur immense renommée, comme, leurs fameuses escalopes de saumon à l'oseille,

Roanne. Les illustres frères Troisgros (Jean, c'est le barbu).

souvent imitées jamais égalées, le navarin de homard, le saint-pierre à la boulangère, les pigeonneaux au sable doré, le bœuf cru sauce digoinaise en souvenir de Dumaine, la sarcelle aux pêches. Mais Jean et Pierre n'oublient point leur petite patrie avec des recettes foréziennes comme la râpée de pommes de terre, la pompe aux gratons, brioche salée aux lardons de porc, la gouire aux myrtilles déjà citée, le gratin de pommes de terre forézien, le jambon de Roanne enrubanné ! Tout cela avec l'escorte des Gamays du Pays et aussi avec des jeunes bourgognes de Nuits ou de Beaune servis frais comme des beaujolais.

Et voici en finale triomphal une recette de Georgette Badaut, elle aussi délicate cuisinière, sœur de Marie Troisgros et tante vigilante des fameux frères de Roanne.

LAPIN FARCI GEORGETTE BADAUT

Temps de préparation : 1 h 30, temps de cuisson du lapin 1 h 10.
LA FARCE : ingrédients pour 6 personnes : 100 g de lard fumé, 200 g d'épinards cuits, 200 g de champignons cuits, 2 échalotes, 50 g de beurre, 5 g de sel, 2 g de poivre
LE LAPIN : Ingrédients : 1 lapin de 2,500 kg, 50 cl de Pommard, 25 cl de crème, 50 g de beurre, 2 cuillères de moutarde blanche de Dijon, 3 échalotes, sel, poivre, une grosse branche de thym frais.

LA FARCE : Trancher le lard fumé en petits lardons et les faire revenir à la poêle.
Trancher grossièrement les champignons et les épinards.
Hacher les échalotes et les faire suer au beurre.
Réunir tous ces ingrédients dans un saladier, saler, poivrer et malaxer le tout avec le beurre ramolli.
MISE EN PLACE : Faire préparer le lapin par le boucher ou le préparer de la façon suivante :
1. Coupez les pattes de derrière et de devant au-dessous du genou.
— dépouiller le lapin en retournant la peau.
— préserver la tête en gardant les oreilles entières.
— ôter les yeux, fendre la peau du ventre sur 8 centimètres.
— retirer l'intérieur et réserver le foie en prenant soin de supprimer le fiel.
— coucher le lapin sur le dos et avec une cuillère introduire la farce à l'intérieur.
2. Avec une aiguille à brider et de la ficelle, recoudre la peau du ventre.
— retourner le lapin sur le ventre et attacher les pattes de devant en passant la ficelle entre les épaules, ramener la tête dans la position d'un lapin gîté.
— faire de même avec les pattes de derrière.
3. Assaisonner de sel et de poivre, badigeonner en répartissant la moutarde sur toutes les parties du corps.
4. Hacher les échalotes et le foie.

CUISSON :

— chauffer une plaque à rôtir.
— faire fondre le beurre et rouler le lapin dedans.
— enfourner à 250°.
— au bout de 10 minutes environ, diminuer la chaleur, prendre une grosse branche de thym, la tremper dans le tiers du vin rouge préalablement chauffé et en badigeonner fréquemment le lapin.
— compter une heure de cuisson, puis le retirer de la plaque, et le tenir dans un endroit tempéré.

LA SAUCE :

Faire revenir le foie et les échalotes dans une plaque à rôtir.
Déglacer avec le reste de vin rouge, faire réduire.
Joindre alors la crème, et laisser bouillir jusqu'à ce que l'on obtienne une sauce liée.
Rectifier l'assaisonnement.
DRESSAGE :
Retirer toutes les ficelles et présenter le lapin sur un plat long dans une position naturelle (posé sur les quatre pattes, la tête relevée).
Napper l'animal d'un peu de sauce bouillante et servir le reste en saucière.
Pour le servir :
Prendre une cuillère de farce dans le ventre du lapin et garnir le fond de 4 assiettes chaudes.
Le couper à la hauteur des cuisses, détacher les épaules et trancher le râble.
Répartir la viande sur les assiettes et la napper de sauce.

Bourbonnais
Mts de la Montagne
le Beaujolais
Vichy
Ambierle
St Haon-le-Châtel
Roanne
LES BOIS NOIRS
Puy de Montoncel
Allier
Dore
Loire
Tarare
Saône
Clermont-Fd
Puy de Dôme
St Germain-Laval
Pommiers
Pouilly-lès-Feurs
Rhône
Lyon
plateau de GERGOVIE
monts du Forez
Boën
la Valette
château de Couzan
Feurs
Chalmazel
Vallée de la Dore
Mts du Lyonnais
Pierre sur Haute
Montrond-les-Bains
St Galmier
col de la Croix de l'Homme Mort
Montbrison
Vallée du Giers
Vienne
Issoire
Usson
St Romain-le-Puy
Jarez
St Chamond
Ste Croix-en-Jarez
AUVERGNE
Ance
lac de Grangent
St Victor-s-Loire
St Etienne
Mt PILAT
Pélussin
Cornillot
Firminy
GOUFFRE d'ENFER
Crêt de la Perdrix
Usson-en-Forez
la Chaise-Dieu
le Bessat
vallée du Rhône
Brioude
Monistrol-sur-Loire
château de Chalençon
vallée de l'Ance
Massiac
Beauzac
gorges de l'Allier
St Paulien
Montfaucon-en-Velay
Lignon
Lavoûte-s-Loire
Tence
vallée du Lignon
Chanteuges
Velay
le Puy
le Chambon-s-Lignon
Tournon
Prades
Monistrol-d'Allier
Rocher des Pendus
Cévennes
Mt Mouchet
Valence
haut Vivarais
le Devès
Mt Mézenc
Loire
Gerbier de Jonc
la Margeride
Pradelles
Privas
Gévaudan
Châteauneuf-de-Randon
bas Vivarais

INDEX DES NOMS DE LIEUX

Photo couverture : vue du village médiéval de CHALENCON (Haute-Loire)

Imprimerie Hérissey à Évreux (Eure) — N° d'Éditeur : 678 — N° d'Imprimeur : 22473 — ISBN 2.263.00307-X